Fantastische Motivtorten

Inhaltsverzeichnis

Motivtorten

Über den Autor

Marian Moschen, geboren 1983, Gründer von **www.mannbackt.de**, im echten Leben Kindergartenpädagoge und Familienvater, entdeckte seine Leidenschaft fürs Backen schon in den Kinderschuhen. Der Weg hin zum Gestalten von aufwendig verzierten und kreativen Motivtorten war jedoch eine Frage der Männlichkeit.

Bei der Gestaltung seiner Hochzeitseinladungen gab seine Frau das Zepter nicht aus der Hand. Seines Mitspracherechtes beraubt und entsprechend in seiner Männlichkeit gekränkt, entschied er sich dafür, jeder Einladung ein kleines Hochzeitstörtchen beizulegen.

Der Erstkontakt mit dem geheimnisvollen Material Fondant war getan, und Marian hatte seine kreative Erfüllung gefunden. Schnell wurden aus kleinen Törtchen aufwendige und ausgefallene Motivtorten, Tauftorten und Hochzeitstorten. Die Erfahrung, die Marian sammelte, wollte er auch mit anderen Backbegeisterten und Kreativen teilen. 2012 rief er deshalb die Website **www.mannbackt.de** ins Leben.

Es dauerte nicht lange, und aus einem Backblog wurde eine Erfolgsgeschichte. Neben Backkolumnen und der Mitarbeit an Online-Kochbüchern hilft Marian Moschen auch regelmäßig in seinen Backkursen Einsteigern und Fortgeschrittenen, aus einfachen Kuchen beeindruckende Kreationen werden zu lassen.

Nach „Mann backt", „Mann backt Glück" und dem Motivtorten-Bestseller „Umwerfende Motivtorten" ist dies bereits das sechste Buch des Erfolgsautors.

Und wie zuvor ist auch dieses Buch viel mehr als ein paar Seiten Papier mit schönen Bildern. Es spiegelt die geballten Erfahrungen aus einem Jahrzehnt des Motivtorten-Gestaltens wider und soll Anfängern helfen, einen schnellen und problemlosen Einstieg in eines der schönsten Hobbys der Welt zu ermöglichen. … Motivtorten gestalten

Mann backt

Grundlagen

Die Besonderheit an einer Motivtorte ist ohne Zweifel das Design und das Äußere. Dennoch steht und fällt der Erfolg einer solchen Torte mit dem Moment, in dem der Kuchen angeschnitten und verkostet wird. Denn auch bei einer Motivtorte gilt: Die inneren Werte zählen. Mit den Rezepten für einen Rührteig, Biskuitteig und feinen „Wunderkuchen" kann man eigentlich nichts falsch machen.

Viele Rezepte beziehen sich auf eine runde Springform mit 15 oder 20 cm Durchmesser, die in diesem Buch für einen Großteil der Kuchen verwendet wird. Ideal ist eine Form mit 8–10 cm Höhe, damit der Kuchen auch schön hoch wird und noch attraktiver wirkt.

Für manche Torten, wie z. B. die Einhorntorte (siehe S. 28), benötigt ihr einen extra hohen Kuchen mit bis zu 15 cm Höhe. Hier backt ihr am besten zwei Kuchen und stapelt diese mit einer Schicht Creme oder Ganache in der Mitte direkt aufeinander.

Rührteig

Rührteig gehört zusammen mit Biskuitteig zu den vielfältigsten Teigen. Bei der Zubereitung von Rührteig geht selten etwas schief, zumindest wenn man einen Punkt beachtet: Alle Zutaten sollten Zimmertemperatur haben, bevor sie verrührt werden.

Rührteige eignen sich sehr gut für all jene Motivtorten, die zugeschnitten werden sollen, wie zum Beispiel die Haitorte (siehe S. 50) in diesem Buch.

Grundrezept

200 g weiche Butter oder Margarine, plus etwas mehr für die Form
200 g Zucker
1 Pck. Vanillezucker
1 Prise Salz
4 Eier
350 g Mehl, plus etwas mehr für die Form
1 Pck. Backpulver
ca. 75 ml Milch (nach Bedarf)

Für eine Form mit 15 cm Durchmesser werden die Zutaten halbiert. Der Kuchen muss dann ca. 40 Minuten backen.

1. Den Backofen auf 180 °C (Ober-/Unterhitze) vorheizen. Eine Springform (Ø 20 cm) gut fetten und mit Mehl ausstreuen.
2. Butter oder Margarine in Stücke schneiden und mit Zucker, Vanillezucker und Salz in eine Rührschüssel geben. Mit den Rührbesen des Handrührgeräts weiß-schaumig schlagen.
3. Die Eier einzeln unterrühren. Damit die Masse nicht gerinnt, jedes Ei vollständig mit der Masse verrühren, bevor ein neues dazukommt.
4. Mehl und Backpulver mischen, sieben und portionsweise mit untermischen. Der Teig sollte in schweren Tropfen vom Löffel fallen. Solange er zäh ist, esslöffelweise Milch unterrühren. Wenn das Mehl eingearbeitet wurde, nicht mehr lange rühren, weil der Teig sonst unregelmäßig werden kann.
5. Den Teig sofort in die Form geben und die Oberfläche glatt streichen. Die Form sollte etwa zu 2/3 gefüllt sein. Im vorgeheizten Backofen ca. 60 Min. bzw. nach Rezept backen. Dann kurz abkühlen lassen, auf ein Kuchengitter stürzen und vollständig erkalten lassen.

Tipp

- Bevor es losgeht, alle Teigzutaten abwiegen, abmessen und bereitstellen, damit sie etwa die gleiche Temperatur haben und zügig verarbeitet werden können.
- Die Butter sollte Zimmertemperatur haben, damit sie sich schön schaumig rühren lässt. Ist sie nicht weich genug, kann sie in der Mikrowelle oder über dem Wasserbad angewärmt werden. Die Butter darf jedoch keinesfalls flüssig sein!
- Auch die Eier sollten möglichst zimmerwarm sein, da der Teig sonst leicht gerinnt.
- Wird die Oberfläche des Kuchens zu schnell braun, den Kuchen entweder mit Backpapier abdecken oder – bei Ober- und Unterhitze – eine Einschubebene tiefer stellen.
- Kurz vor dem Ende der Backzeit eine Garprobe machen: Dazu ein Holzstäbchen senkrecht in die Kuchenmitte stecken und wieder herausziehen. Bleibt Teig daran kleben, ist der Kuchen noch nicht fertig.
- Den fertig gebackenen Kuchen ca. 10 Minuten in der Form ruhen lassen, dann auf ein Kuchengitter stürzen. Dafür das Gitter auf die Form legen und beides zusammen rasch umdrehen – dabei unbedingt Topflappen benutzen! Zuletzt die Form vorsichtig vom Kuchen heben. Böden für Obstkuchen nicht in der Form ruhen lassen, sondern sofort stürzen.
- Lässt sich der Kuchen nicht stürzen, die Form mit einem feuchten Geschirrtuch umwickeln, ein paar Minuten stehen lassen und es noch einmal versuchen.
- Der Rührteig kann nach Belieben mit 2–3 EL Kakao, Haselnusscreme oder Erdnussbutter aromatisiert werden.

Biskuitteig

Wie der Mürbeteig zählt Biskuit zu den Standardteigen. Er ist vielseitig einsetzbar, sehr leicht zuzubereiten und im Gegensatz zu einem Rührteig fettarm und deutlich kalorienärmer. Die Grundzutaten für einen Biskuitteig sind Eier, Zucker und Mehl, das oft mit Speisestärke gemischt wird. Die lockere und luftige Konsistenz des Biskuits macht ihn etwas schwieriger für den Fondantüberzug vorzubereiten. Deshalb empfiehlt es sich, den Kuchen am Vortag zu backen, damit er sich etwas setzen kann.

Grundrezept

5 Eier
150 g Zucker
150 g Mehl
1 cl Rum
Butter oder Margarine für die Form

Für eine Form mit 15 cm Durchmesser werden die Zutaten halbiert (3 kleine Eier). Die Backzeit beträgt ca. 20 Minuten.

24er Form
6 Eier
180 g Zucker
180 g Mehl
1,2 cl Rum

1. Den Backofen auf 180 °C (Ober-/Unterhitze) vorheizen. Den Boden einer Springform (Ø 20 cm) fetten und mit Backpapier auslegen.
2. Die Eier trennen. Das Eiweiß zuerst schlagen, bis es Fülle bekommt. Dann unter ständigem Mixen 100 g Zucker einrieseln lassen. Den Eischnee sehr steif und cremig schlagen, bis er eine seidig matte Oberfläche bekommt.
3. Den restlichen Zucker zum Eigelb geben und mit den Rührbesen des Handrührgeräts so lange rühren, bis eine dicke, fast weiße Creme entstanden ist. Zuletzt den Rum unterrühren.
4. Das Mehl über den Eischnee sieben und die Eigelbmasse darübergeben. Alles vorsichtig von Hand mit einem Holzlöffel oder Schneebesen unterheben, bis sich alles vermischt hat.
5. Den Teig in die Springform füllen, die Oberfläche mit einem Teigschaber glatt streichen und im vorgeheizten Backofen 30–35 Minuten backen. Nach dem Backen den Boden mit einem Messer vom Rand lösen, auf ein Kuchengitter stürzen und vor der Weiterverarbeitung mind. 2 Stunden ruhen lassen.

Tipp

- Für das Gelingen des Biskuitteigs muss der Eischnee steif und cremig sein, die Oberfläche matt glänzend. Dafür müssen Schüssel und Rührbesen vollkommen fettfrei sein, und beim Trennen der Eier dürfen keinerlei Eigelbspuren in das Eiweiß gelangen.
- Zur Vorbereitung der Springform diese öffnen und nur den Boden einfetten. Dann einen Bogen Backpapier auf den herausgelösten Boden der Form legen, den Boden wieder mit dem Rand umspannen, das überstehende Backpapier abschneiden. Das Backpapier in der Form etwas glatt streichen. Der Rand der Springform wird nicht gefettet, da der Biskuitteig sonst abrutschen könnte.
- Der Teig muss nach der Zubereitung sofort gebacken werden, sonst fällt er zusammen. Daher den Backofen rechtzeitig vorheizen.
- Bei Heißluft trocknet der Biskuitteig relativ schnell aus, deshalb ist Ober-/Unterhitze für ihn besser geeignet.
- Ob der Teig fertig gebacken ist, erkennt man, indem man die Hand vorsichtig darauflegt. Fühlt er sich geschmeidig, weich und trocken an und bleibt keine Druckstelle zurück, ist der Boden fertig gebacken. Ist er hingegen feucht und klebrig, muss man ihn noch im Backofen lassen.
- Bleibt das Backpapier am Biskuitboden kleben, das Papier mit kaltem Wasser bestreichen und vorsichtig ablösen.
- Wölbt sich die Mitte des Biskuitbodens nach oben, den Boden einfach umdrehen. Dann verschwindet die unliebsame Wölbung in der Cremeschicht.
- Ist der Biskuitboden durchgebrochen oder gerissen, die Bruchstelle mit Eiweiß bestreichen und einige Zeit zusammendrücken.
- Ein erkalteter Biskuitboden kann beim Aufrollen leicht brechen, vor allem, wenn er zu lange und zu stark gebacken wurde. Deshalb sollte man bei Biskuitrollen sehr zügig arbeiten und auch eine fertige Biskuitrolle möglichst frisch servieren.
- Biskuit kann auf Vorrat gebacken und nach dem Abkühlen einzeln eingepackt eingefroren werden.
- Vor der Verwendung den gefrorenen Biskuit bei Zimmertemperatur auftauen lassen, nicht im Backofen, sonst trocknet er aus.

Rezepte an verschiedene Formen anpassen

Für eine 25–27 cm große Springform sowie für einen Blechkuchen die Mengen einfach verdoppeln.

Cupcake-Teig

Grundrezept

165 g Butter
1 TL Vanillezucker
165 g Puderzucker
3 Eier (Gr. L)
165 g Mehl
1 gestr. TL Backpulver

1. Butter, Vanillezucker und Puderzucker schaumig schlagen, die Eier einzeln dazugeben und so lange mixen, bis sich alles zu einer homogenen Masse verbunden hat. Mehl und Backpulver mischen und zur Buttermasse geben.
2. Nochmals mixen bis alles vermengt ist. Den fertigen Teig auf 12 Muffinförmchen aufteilen und bei 175 °C 25 Minuten backen.

Wunderkuchen

Dieser Kuchen eignet sich hervorragend für etwas höhere Torten, wie z. B. die Einhorntorte (siehe S. 28), da sie sehr stabil und trotzdem sehr fluffig ist.
Zudem lässt sich die Masse wunderbar nach Belieben aromatisieren. Ein echter Wunderkuchen sozusagen …

Grundrezept

4 Eier (Größe L)
200 g Zucker
1 Prise Salz
200 ml Flüssigkeit, z. B. Milch, Sahne, Buttermilch, Eierlikör
200 ml Öl, z. B. Sonnenblumenöl oder Maiskeimöl
300 g Mehl
1 Pck. Backpulver

1. Den Backofen auf 170 °C (Ober-/Unterhitze) vorheizen. Eine Springform (Ø 20 cm) mit Backpapier auslegen.
2. Die Eier zusammen mit Zucker und Salz 15–20 Minuten sehr schaumig rühren.
3. Dann Flüssigkeit und Öl unter kontinuierlichem Rühren in die Eiermasse einarbeiten.
4. Mehl und Backpulver sieben, mischen und mit einem Löffel unter die Masse heben. Den Teig in die Form füllen und im vorgeheizten Backofen ca. 60 Minuten goldgelb backen. Da aber jeder Ofen anders backt, bitte kurz vor Ende der Backzeit eine Stäbchenprobe machen.

Für eine Schokoladenvariante
50 g Kakaopulver und 50 ml Milch hinzufügen.

Für eine Vanillevariante
2 TL Vanilleextrakt hinzufügen.

Für eine Kaffeevariante
1 TL Instantkaffee und 2 EL Milch hinzufügen.

Für eine Zitronenvariante
Statt 200 ml Flüssigkeit 100 ml Zitronensirup und 100 ml Wasser verwenden.

24er Form
5 Eier 1 gute Prise
240 g Zucker
240 ml Flüssigkeit
240 ml Öl
360 g Mehl
1,2 Pck. Backpulver
↳ 19,2 g "

Umgang mit Fondant und Marzipan

Um aus einer einfachen Torte ein echtes Kunstwerk aus Fondant und Marzipan zu machen, gilt es vor allem einiges zu wissen: Welches Material verwende ich für welche Figuren, Formen und Details?

Fondant ist nicht gleich Fondant. Grundsätzlich unterscheidet man vier verschiedene Massen: Rollfondant, Modellierfondant, Blütenpaste und Marzipan.

Kaufen oder selbst zubereiten?

Es ist zwar aufwendig, aber nicht schwierig, Fondant aller Art selbst herzustellen. Allerdings gibt es zwei Gründe, die dagegen sprechen: Selbst gemachter Fondant variiert in seiner Konsistenz, was es gerade einem Anfänger schwer macht, wirklich schöne Ergebnisse beim Gestalten zu erzielen. Und zweitens ist der selbst gemachte Fondant preislich kaum günstiger. Deshalb wird in diesem Buch hochwertiger Fondant von bekannten Marken verwendet.

Rollfondant

Rollfondant, auch Einschlagmasse genannt, ist der gängigste Fondant und wird zum Eindecken von Torten verwendet. Er ist schneeweiß und lässt sich mit Lebensmittelfarbpaste sehr gut färben. Er trocknet relativ langsam und wird nie vollständig durchhärten. Alle Torten in diesem Buch sind mit Rollfondant (in diesem Buch kurz als „Fondant" bezeichnet) eingedeckt.

Modellierfondant

Modellierfondant ähnelt dem Rollfondant, ist von seiner Konsistenz jedoch fester und trocknet aufgrund seines höheren CMC-Anteils (Carboxymethylcellulose; E 466) schneller. Seine Eigenschaft, die Form zu behalten, macht Modellierfondant ideal zum Formen von Figuren, Fahrzeugen usw. Die Oberfläche wird bei der Verwendung von Modellierfondant sehr glatt.

Blütenpaste

Blütenpaste ist sehr fest und relativ schwer zu formen. Diese Stabilität ermöglicht jedoch das Modellieren von sehr feinen Details wie Blüten, Fahrradspeichen und allen Teilen, die stabil bleiben müssen. Die Schwierigkeit im Umgang mit Blütenpaste liegt darin, dass das Material in wenigen Minuten komplett trocknet und dann beim Formen bricht.

Modelliermarzipan

Modelliermarzipan, auch Dekormarzipan genannt, ist von allen Materialien am einfachsten zu handhaben. Es ist formstabil, leicht zu färben, trocknet sehr langsam und ist einfach zu modellieren. Außerdem schmeckt es gut. Der Nachteil liegt in der groben Konsistenz, die durch die Mandeln in der Masse bedingt ist. Das macht Marzipan nur für etwas gröber geformte Figuren und Formen und nicht allzu feine Details geeignet.

Bäckerstärke

Bäckerstärke ist reine Kartoffelstärke, die sehr fein gemahlen und mit Mineralien angereichert wurde. Dadurch klumpt und klebt sie nicht.

Information

CMC (Carboxymethylcellulose) mit der Lebensmittelnummer E466 ist ein Verdickungsmittel, das als unbedenklich gilt.

Färbe- und Hilfsmittel

Lebensmittelfarbpasten

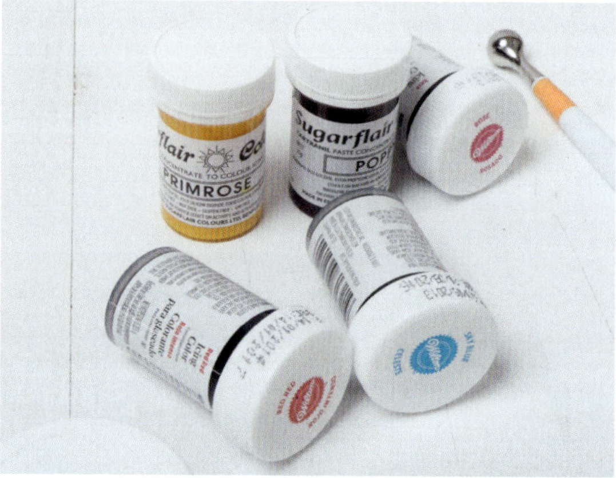

Lebensmittelfarbpasten sind hochkonzentrierte Farben zum Färben von Lebensmitteln, speziell Fondant und Marzipan. Da sie kaum Wasser enthalten, sind sie die einzigen Farben, die Fondant nicht erweichen und auflösen. Alle Torten in diesem Buch wurden mit Lebensmittelfarbpasten gefärbt.

Pflanzenfett

Gehärtetes Pflanzenfett ist in jedem Supermarkt zu bekommen und wird eigentlich zum Frittieren und Kochen verwendet. Im Umgang mit Fondant hilft es bei zwei Problemen: Ist Rollfondant zu trocken und wird spröde, kann man ein bisschen Pflanzenfett unterkneten, und schon ist der Fondant wieder geschmeidig. Außerdem hilft das Fett zusammen mit etwas Wachspapier beim Übertragen von Details auf die Torte, ohne dass sich diese verformen bzw. verziehen.

Fondantkleber

Fondant zu kleben geht am besten mit etwas Fondantkleber. Dieser lässt sich ganz einfach herstellen. Man kocht 100 ml Wasser auf, vermischt es mit 1 TL CMC (Carboxymethylcellulose; E 466) und lässt die Flüssigkeit etwas stehen. Der Kleber hält sich im Kühlschrank einige Tage und ist vollkommen farblos.

Werkzeuge zum Modellieren und Verzieren

Wie in jedem Handwerk kommt man nicht drumherum, sich zumindest einen kleinen Fundus an Werkzeugen anzuschaffen, damit es auch richtig Spaß macht, den eigenen Kreationen die nötigen Details hinzuzufügen, die aus einem „netten Kuchen" ein kleines Kunstwerk machen.
Die meisten davon erhält man in günstigen Sets in einschlägigen Tortenzubehör-Shops oder im Küchenzubehör. Wachspapier erleichtert das Übertragen von Details enorm und ist in Bastelläden erhältlich.

1 Fondantpresse mit Lochmasken
2 großer Rollstab
3 Wachspapier
4 Straw Tool
5 Naht Tool
6 Dogbone Tool
7 Pick Tool
8 Ball Tool
9 Smile Tool
10 Schneide-Hebe-Tool
11 Fondantglätter
12 Strukturmatten
13 runde Ausstecher
14 scharfes Messer
15 Stanley-Klinge
16 kleine Schere
17 Ausstecher für Blumen und Schmetterlinge
18 Pinsel
19 Modellierstab
20 Lebensmittelfarbstift
21 kleiner Rollstab

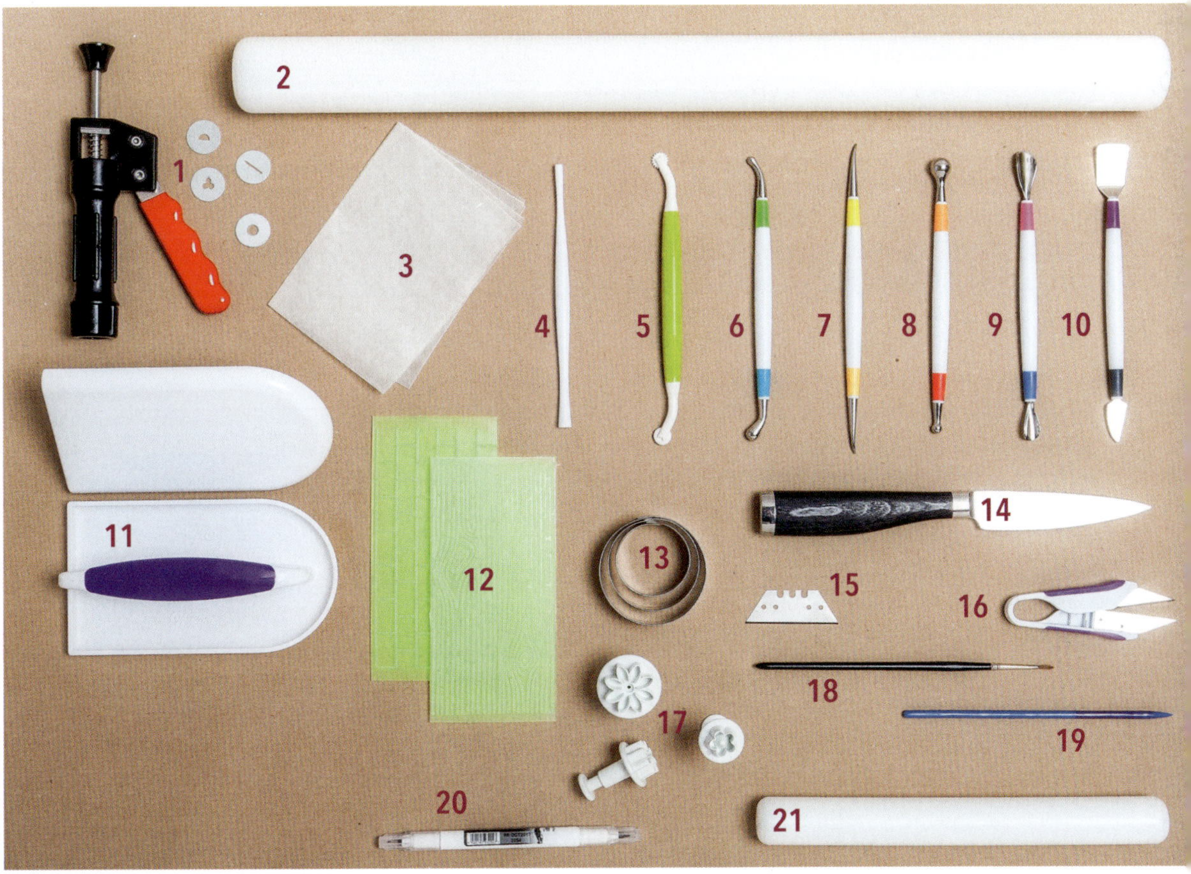

Ganache

Eine klassische Ganache ist eine Creme aus Kuvertüre und Sahne, die zum Einstreichen und Füllen von Torten verwendet wird. Ihre Eigenschaft, relativ stabil zu werden, wenn sie einmal erkaltet ist, macht die Ganache ideal dafür, Torten für den Fondant-Überzug vorzubereiten.

Man benötigt nur Kuvertüre und Sahne (mindestens 36 % Fettgehalt). Wichtig ist, sich exakt an die Mengenangaben zu halten und das richtige Mengenverhältnis je nach verwendeter Schokolade zu verwenden. Hier gilt:

Zartbitter-Kuvertüre	**2:1**	z. B. 1 kg Kuvertüre, 500 g Sahne
Vollmilch-Kuvertüre	**ca. 3:1**	z. B. 1 kg Kuvertüre, 300 g Sahne
Weiße Kuvertüre	**ca. 3:1**	z. B. 1 kg Kuvertüre, 300 g Sahne

Die Ganache zubereiten

1. Die gewünschte Menge Schokolade in eine hitzebeständige Schüssel reiben oder fein hacken.
2. Die entsprechende Menge Sahne erhitzen. Wichtig: Die Sahne VOR dem Aufkochen vom Herd nehmen!
3. Die heiße Sahne direkt über die Schokolade gießen und 2–3 Minuten schmelzen lassen.
4. Nun mit einem Schneebesen ganz vorsichtig, ohne viel Luft unterzuheben, so lange rühren, bis Sahne und Schokolade abgebunden haben.
5. Nun sollte eine cremige Masse ähnlich der Konsistenz von Haselnusscreme entstanden sein.
6. Die fertige Ganache mindestens 5 Stunden an einem kühlen (nicht kalten!) Ort stehen lassen (bei Zimmertemperatur etwas länger), damit sie sich setzen kann.
7. Dann ist sie zum Einstreichen eurer Torte bereit!

Buttercreme

Es gibt zahlreiche Variationen von Buttercreme. Für die Kuchen in diesem Buch habe ich die Buttercreme stets um Pudding ergänzt. Dies gibt der Creme Geschmeidigkeit, etwas mehr Stabilität bei wärmeren Temperaturen und mindert den Fettgehalt drastisch.

Rezept Buttercreme (1,1 kg)

500 ml Milch
1 Pck. Vanillepuddingpulver
300 g zimmerwarme Butter
300 g Puderzucker
100 g Schokolade, geschmolzen,
oder Fruchtpüree (nach Belieben)

1. Aus Milch und Puddingpulver nach Packungsanleitung einen Pudding kochen. Diesen noch heiß sofort mit Frischhaltefolie abdecken und auskühlen lassen.
2. Die zimmerwarme Butter zusammen mit dem Puderzucker weiß-schaumig schlagen – das dauert ca. 10 Minuten.
3. Den erkalteten Pudding mit einem Handrührgerät cremig rühren und anschließend löffelweise in die Buttermasse einarbeiten.
4. Nach Belieben mit geschmolzener Schokolade oder Fruchtpüree verfeinern.

Wie viel Buttercreme oder Ganache für welche Tortengröße?

Hier gilt: Man braucht deutlich mehr Creme oder Ganache, als man dies erwarten würde. Für einen Kuchen mit 25 cm Durchmesser und 10 cm Höhe benötigt man ca. 1,5 kg.

Empfehlung für die einzelnen Tortengrößen:

Ø	in kg
15 cm	0,75
20 cm	1
25 cm	1,5
27 cm	1,8

Überschüssige Ganache hält sich im Kühlschrank einige Tage und kann dann für andere Kuchen als Füllung verwendet oder in den Teig gerührt werden.

Torten für den Fondantüberzug vorbereiten

So toll man mit Rollfondant auch arbeiten kann, das Material hat einen sehr großen Nachteil: Er verzeiht keine Fehler. Jede Unebenheit ist nur schwer auszugleichen. Also gilt es, Unebenheiten von vornherein zu vermeiden. Mit dieser Anleitung gelingt dies erstaunlich einfach.

1

Buttercreme oder Ganache nach Anleitung auf S. 17 bzw. 16 zubereiten.

2

Einen runden Kuchen backen und auskühlen lassen. Falls der Kuchen ungleichmäßig aufgegangen sein sollte, die Erhöhung abschneiden.

3

Den Kuchen waagerecht ein- oder zweimal durchschneiden und alle Brösel rundherum sorgfältig entfernen, damit sie nicht in die Creme hineingelangen.

4

Den untersten Boden auf ein Cakeboard stellen, das etwas größer als der Kuchen selbst ist. Mit einer Winkelpalette eine dünne Schicht Creme auftragen und gleichmäßig verteilen.

5

Den zweiten Tortenboden darauflegen und nochmals gleichmäßig und dünn mit Creme bestreichen.

6

Den dritten und letzten Tortenboden darauflegen, aber noch nicht mit Creme bestreichen.

7

Die restliche Creme großzügig rund um den Kuchenrand herum auftragen und leicht verstreichen. Noch keine Creme auf die Oberfläche geben.

8

Mit der geraden Seite einer Teigkarte am Cakeboard entlang die überschüssige Creme abziehen. An Stellen, an denen noch Unregelmäßigkeiten zu sehen sind, nochmals großzügig Creme auftragen und abziehen.

Die Creme, die nun oben über die Torte herausragt, mit einer Palette vorsichtig in die Mitte des Kuchens ziehen, damit eine saubere Kante entsteht.

9

So würde die fertige Torte angeschnitten aussehen. Drei Lagen Kuchen, zwei Schichten Creme. Gekühlt ist diese Torte stabil genug für einen Fondantüberzug.

Torten mit Fondant eindecken

Wie das Backen eines einfachen Kuchens ist auch das Gestalten einer aufregenden, edlen oder einfach nur wunderschönen Motivtorte weit einfacher, als es anfangs den Anschein hat. Doch wie jedes Handwerk muss man auch im Umgang mit Fondant ein paar Basics beachten, bevor man erste Erfolge erzielen kann.

Drei Dinge, die man vor dem Start wissen muss …

1. **Fondant mag es trocken, Wasser ist sein größter Feind.**
   Fondant niemals mit Wasser, Milch, Sahne, Gelatine oder anderen stark wasserhaltigen Cremes und Flüssigkeiten in Berührung bringen.
2. **Fondant (ver)trocknet wie eine Seerose in der Wüste Gobi.**
   Fondant, der nicht in Gebrauch ist, muss unbedingt in einem Gefrierbeutel oder in Frischhaltefolie gelagert werden. Bei längerer Lagerung zusätzlich in einen luftdichten Behälter geben.
3. **Fondant mag kein direktes Sonnenlicht.**
   Torten oder Figuren aus Fondant bleichen in der Sonne sehr schnell aus. Mal abgesehen davon, dass ein Kuchen grundsätzlich nicht in der prallen Sonne stehen sollte, darf man Fondant nicht ins grelle Sonnenlicht legen. Ansonsten wird aus einem kräftigen Rot schnell ein blasses Rosa.

Beschreibung der Steps

1

Einen runden Kuchen nach Wunsch zubereiten und mit Ganache oder Buttercreme einstreichen (siehe S. 18). Fondant nach Wunsch färben und kneten, bis er geschmeidig ist.

2

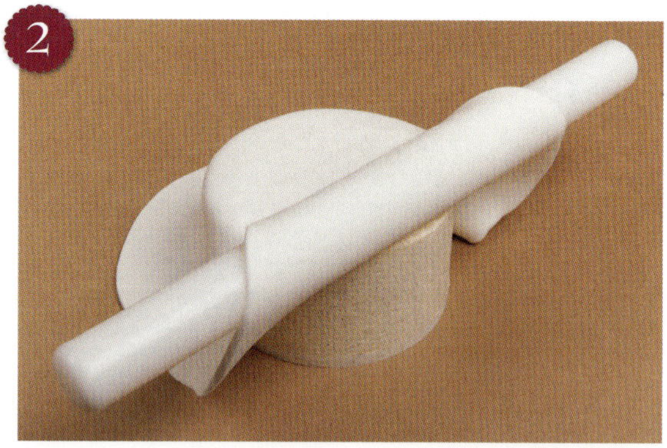

Den Fondant mit einem großen Rollstab sehr gleichmäßig etwa 3–5 mm dick ausrollen. Mit einem Lineal oder der Hand ausmessen, ob die Fläche ausreicht, um die gesamte Torte einzudecken (2-mal die Höhe und 1-mal die Breite). Den Fondant dann über den Rollstab wickeln und über der Torte wieder abrollen. Dabei darauf achten, dass die Fondantschicht nicht einreißt.

3

Mit dem Handballen behutsam die Luft unter dem Fondant nach außen streichen. Dann vorsichtig den Fondant von oben nach unten an die Torte drücken. An Stellen, an denen der Fondant Wellen schlägt, den Fondant immer wieder auseinander- und etwas nach außen ziehen.

4

Liegt der Fondant rundherum gleichmäßig an der Torte an, mit einem scharfen Messer den überschüssigen Fondant abschneiden und die Reste sogleich gut verpacken, damit sie nicht austrocknen.

5

Mit zwei Fondantglättern zuerst die Oberfläche des Kuchens durch kreisförmige Bewegungen glätten, dann die Seite. Ideal ist es hierbei, den Kuchen auf eine drehbare Tortenplatte zu stellen und den Fondant rundherum gleichmäßig und mit sanftem Druck glatt zu streichen.

6

Sollte die Kante nicht gleichmäßig sein, mit den Handballen ganz vorsichtig den Rand nachziehen. Nun ist die Torte bereit für ein individuelles Design.

Eckige Torten mit Fondant eindecken

Den Fondant mit einem großen Rollstab etwa 3 mm dick ausrollen. Mit einem Lineal oder der Hand ausmessen, ob die Fläche ausreicht, um die gesamte Torte einzudecken (2-mal die Höhe und 1-mal die Breite). Den Fondant über den Rollstab wickeln und vorsichtig über der Torte wieder ausrollen. Wie oben beschrieben in Schritt 3 verfahren, aber an den Ecken den Fondant nach außen ziehen. Liegt der Fondant rundherum gleichmäßig an, mit einem scharfen Messer den überschüssigen Fondant abschneiden. Mit einem Fondantglätter zuerst die Oberfläche des Kuchens glätten und dann die Seiten. Die Kanten lassen sich am besten mit einem zweiten Glätter ausformen, indem man von beiden Seiten gleichmäßig und mit sanftem Druck die Kanten ausformt.

Tipp **Sollte der Fondant zu trocken sein und rissig wirken, einfach etwas Pflanzenfett einkneten. Aber nicht zu viel, damit er nicht klebrig wird.**

Mehrstöckige Torten stapeln

Wer das Tortenbacken und -dekorieren als Hobby und nicht nur als Mittel zum Zweck betreibt, der wird früher oder später den Schritt zum Dekorieren mit Fondant und Marzipan machen. Und wer hier besser wird, will garantiert früher oder später im wahrsten Sinne des Wortes „hoch hinaus".

Hochzeitstorten und andere mehrstöckige Torten sind sozusagen die Meisterklasse der Motivtorten, doch ein solches Konstrukt verlangt natürlich sorgfältige Planung und ein stabiles Innenleben. Wie das funktioniert, seht ihr auf den folgenden Seiten.

Die notwendigen Materialien für mehrstöckige Torten

Das Grundkonstrukt besteht aus drei Komponenten:

- Stabile Stützen: Hierfür gib es Tortensäulen aus lebensmittelechtem Kunststoff im Fachhandel, es eignen sich aber auch Buchenholzstäbe, die es im Bastelbedarf gibt.
- Ein Cakeboard pro Ebene.
- Ein relativ stabiler Kuchen, der verhindert, dass die Tortenstützen zur Seite verrutschen können. Die im Rezeptteil angegebenen Kuchen eignen sich sehr gut für mehrstöckige Torten.

Die nötige Stabilität für mehrstöckige Torten

Um mehrere Torten aufeinanderzustapeln, dürfen die einzelnen Torten natürlich nicht einfach aufeinandergesetzt werden. Diese würden nachgeben und früher oder später einfach absinken und abrutschen.

Für die notwendige Stabilität braucht es deshalb folgende Konstruktion:

1. Jede einzelne Torte steht auf einem Cakeboard, das gegebenenfalls auch mit Fondant eingedeckt wird.
2. Die Torten stehen zusätzlich auf sogenannten Tortensäulen oder Tortendübeln, die ausreichend bemessen sein müssen, um dem Gewicht der Torte standhalten zu können.

Die nachfolgende Grafik zeigt perfekt, wie eine mehrstöckige Torte aufgebaut sein muss, damit sie wirklich stabil ist und hält. Das Grundprinzip ist einfach, aber man muss es erst einmal verstehen. Also los geht's.

1. Der Kuchen
2. Etwas Ganache als Kleber für die Torte
3. Die Füllung nach Wunsch
4. Der Untergrund für den Fondantüberzug
5. Der Fondantüberzug
6. Das erste Cakeboard
7. Tortendübel für die nötige Stabilität
8. Jede Torte steht auf einem Cakeboard
9. Weitere Tortendübel oder Tortensäulen
10. Cakeboards für JEDE Ebene

© Leander Aurel Taubner

MATILDA

Wie viel Stabilität (wie viele Säulen) braucht eine mehrstöckige Torte?

Konkret: Wie viele Säulen pro Ebene werden benötigt? Folgende Stückzahlen haben sich bewährt:

Ebene	Säule/n
Ebene 1 (ganz oben)	keine Säule
Ebene 2	3 Säulen
Ebene 3	4 Säulen
Ebene 4	6 Säulen
Ebene 5	7 Säulen

Für die Ebenen 3 bis 5 gilt: Eine Säule mittig, die restlichen ringförmig und gleichmäßig verteilt außen herum, und zwar möglichst am Außenrand des Cakeboards der oberen Ebene. Eine genauere Beschreibung erfolgt in den nachfolgenden Steps im Detail.

So wird eine Torte gestapelt – Schritt für Schritt:

1. Die genaue Mitte der untersten Tortenebene ausmessen und markieren.
2. Eine der Tortensäulen in der Mitte senkrecht von oben bis hinunter zum Cakeboard in die Torte stecken.
3. Die Höhe der Torte markieren und die Säule wieder herausziehen.
4. Die erste Säule an der markierten Stelle möglichst gerade abschneiden.
5. Diese erste Säule dient nun als Längenmaß für alle weiteren Säulen dieser Ebene.
6. Alle Tortensäulen gleich lang abschneiden. Wichtig: Nicht jede Säule individuell abmessen, sonst liegt die nächste Tortenebene nicht plan auf, sondern wird schief.
7. Alle Säulen dieser Ebene so in die Torte stecken, dass diese die nächste Ebene abstützen können, also weit genug in Richtung Mitte der Torte versetzt.
8. Bei den weiteren Ebenen auf die gleiche Weise verfahren, die oberste enthält natürlich keine Stützen.

Fehlerbehebung

Wie bei allen handwerklichen Dingen können sich auch beim Tortenstapeln schnell Fehler einschleichen, die das Endergebnis suboptimal machen können. So können Sie die gröbsten Probleme vorab verhindern:

1. WICHTIG: Für die richtige Länge der Tortendübel einen Tortendübel abmessen und alle anderen gleich lang abschneiden. Nur so ist gewährleistet, dass jede Ebene wirklich stabil steht.
2. Notlösungen können schnell zu Ärger führen. Trinkhalme können eine Torte zwar tragen, aber sehr schnell einknicken. Die Folge ist eine umgefallene Torte.
3. Torten erst nach dem Transport stapeln, falls möglich. Die größte Gefahrenquelle für die Beschädigung einer Torte ist der Transport, gerade bei hohen Torten. Daher ist es empfehlenswert, falls logistisch möglich, die Torte erst an Ort und Stelle zu stapeln.

Motivtorten

Einhorntorte

Ein Einhorn ist der Traum eines jeden kleinen und großen Mädchen … da man aber vermutlich sehr viel Glück haben muss, um wirklich einmal einem echten Einhorn zu begegnen, backen wir uns einfach selbst ein Einhorn …

Zutaten

1 runde Torte (Ø 15 cm, Höhe 15 cm), gebacken und mit Creme eingestrichen (siehe S. 8 und S. 18)
1 Cakeboard (Ø 20 cm)
750 g weißer Rollfondant
200 g Modelliermarzipan
1 TL essbares Goldpulver
etwas weiße Spirituose (Wodka, Rum)
Rosenblattausstecher (Ø 5 cm und Ø 6 cm)
500 g Buttercreme (siehe S. 17)
rote Lebensmittelfarbpaste
schwarze Lebensmittelfarbpaste
verschiedene Spritztüllen
4 Dressiersäcke

1

Eine Styroporunterlage vorbereiten und einen Holzspieß hineinstecken.

2

150 g Modelliermarzipan zu einer Kugel formen und so ausrollen, dass eine Seite spitz zuläuft.

3

Den Marzipanstrang von unten mit der dicken Seite des Stranges aus vorsichtig um den Spieß wickeln, sodass ein spitz zulaufendes Horn entsteht.

4

Das Goldpulver mit so viel weißer Spirituose vermischen, dass eine leicht flüssige Paste entsteht. Mit dieser Paste das Horn vollständig anmalen.

5

Das Horn am besten über Nacht trocknen lassen.

6

Die vorbereitete Torte mit Fondant überziehen, dann mit dem restlichen Fondant das Cakeboard eindecken. Die Torte auf das Cakeboard stellen.

7

Mit den Rosenblattausstecher je zwei Blätter ausstechen: zwei Blätter mit Ø 5 cm und zwei Blätter mit Ø 6 cm. Das kleinere Blatt jeweils mit etwas Fondantkleber auf das größere kleben und mit der übrigen Goldpaste anmalen.

8

Die Ohren an der Unterseite zusammenfalten und trocknen lassen.

500 g Buttercreme in 4 Portionen aufteilen und jede Portion in einem unterschiedlichen Rosa- oder Pink-Farbton färben. Die Creme in 4 Dressiersäcke mit unterschiedlichen Tüllen (Rosentüllen und Sterntüllen in unterschiedlichen Größen, je nach Geschmack) füllen.

Als Startpunkt einen Kreis leicht vor der Mitte der Torte aufdressieren und in dessen Mitte das Einhorn mit dem Holzspieß hineinstecken.

Mit den verschiedenen Buttercremes und verschiedenen Tüllen nach hinten hin kleine Muster aufdressieren, je nach Belieben. Hier darf umfassend experimentiert werden. Bis zum Rand hin ein Design entwerfen.

Mit dem weiteren Muster vom Cakeboard aus starten und wie zuvor möglichst unterschiedliche Muster aufdressieren. Die Buttercreme sollte dabei „gestapelt" werden, sodass die unteren Buttercremedesigns als Stütze dienen. Ansonsten besteht die Gefahr, dass die Buttercreme vom Fondant abrutscht, bevor sie gekühlt wird.

13

Das Muster finalisieren, sodass eine Art Mähne entsteht.

14

Links und rechts vom Einhorn zwei kleine Muster aufdressieren, die als Stütze für die Ohren dienen können.

15

Die Ohren in die Buttercreme stecken und die Torte kurz kühlen, damit die Buttercreme anziehen kann und die Torte stabiler wird.

16

2 etwa haselnussgroße Kugeln aus 50 g Marzipanrest schwarz färben und formen. Die Kugeln so ausrollen, dass sie an einer Seite dünner werden. Der entstandene Strang sollte etwa 4 cm lang sein. Es werden 2 Stränge benötigt. Die Augen mit etwas Fondantkleber an die Torte anbringen und aus einem Rest kleine Wimper formen und anbringen.

Einhorncupcakes

Eine Einhorntorte ist das Highlight auf jeder Geburtstagsparty und das ideale Geschenk für alle jungen und junggebliebenen Damen. Doch was wäre eine Einhorntorte ohne das passende Gimmick: Mini-Einhörner! Cupcakes in Einhornoptik … schnell gemacht und auch als Geschenk sensationell …

Zutaten

12 Cupcakes (siehe S. 10)
50 g Blütenpaste
200 g Modelliermarzipan
2 cl weiße Spirituose (Wodka, Rum)
essbares Goldpulver
Streudeko
Rosenblattausstecher (Ø 3 cm und 4 cm)
400 g Buttercreme (siehe S. 17)
rote Lebensmittelfarbpaste
verschiedene Spritztüllen (mindestens Ø 12 mm)
Dressiersack

Anmerkung

Die Beschreibung bezieht sich auf jeweils einen Cupcake zur besseren Verständlichkeit, die Mengenangaben hingegen auf 12 Stück, wie auch das Grundrezept für die Cupcakes auf S. 10. So hat man ausreichend Material für die Herstellung.

1

Eine Kugel mit Ø 2–3 cm aus Marzipan formen und diese so ausrollen, dass die beiden Enden spitz zulaufen.

2

Den Strang in der Mitte falten und, wie auf dem Bild zu sehen ist, vorsichtig eindrehen.

3

Das so entstandene Horn auf einen Zahnstocher stecken. Etwas Goldpulver mit so viel weißer Spirituose mischen, dass eine leicht flüssige Paste entsteht, und wie das Horn der Einhorntorte auf S. 29 anmalen.

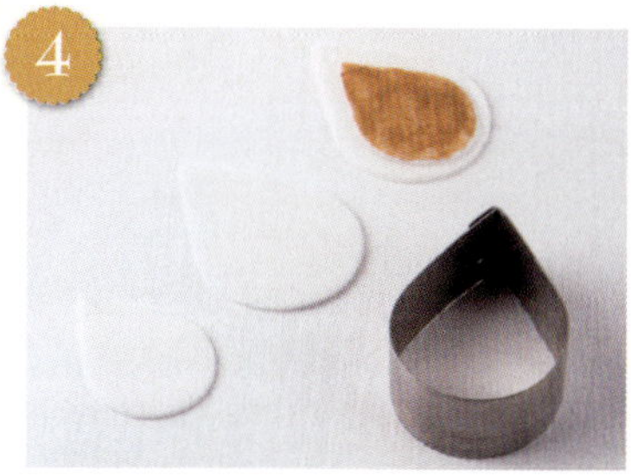

4

Mit den beiden Rosenblattausstechern je zwei Blätter ausstechen, jeweils das kleinere mit etwas Fondantkleber auf das größere kleben und das kleine dann, wie das Horn zuvor, golden anmalen.

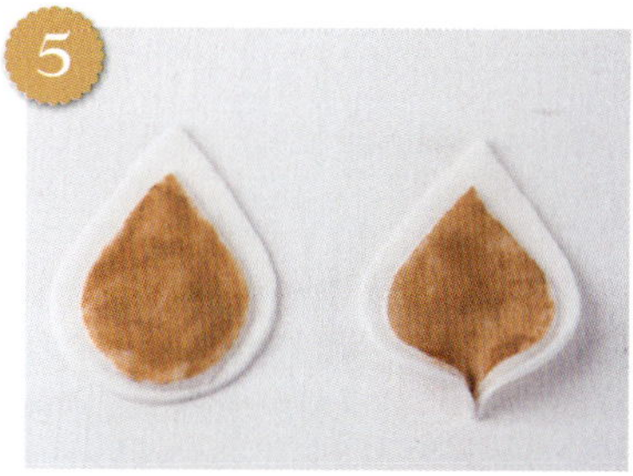

5

Das fertige Ohr an der Unterseite vorsichtig zusammenfalten und anschließend vollständig trocknen lassen.

6

Die Buttercreme rosa färben. Auf den vorbereiteten Muffi n mit einer Rosentülle oder einer Sterntülle ein Buttercremetopping kreisförmig aufspritzen.

7

Das Horn mittig in den Cupcake stecken.

8

Die Ohren etwas vor dem Horn seitlich versetzen in das Topping stecken. Mit etwas Streudeko zusätzlich dekorieren. Auf diese Art und Weise alle 12 Cupcakes dekorieren.

Einhorn-Geburtstagstorte

Einhorntorten sind schon lange kein Trend mehr, sondern bereits moderne Klassiker. Warum? Das wird einem sofort klar, wenn man dieses süße kleine Einhorn auf seiner verspielt gestalteten Torte sitzen sieht, oder?

Zutaten

1,25 kg weißer Rollfondant
100 g Blütenpaste
graue Lebensmittelfarbpaste
rosa Lebensmittelfarbpaste
lila Lebensmittelfarbpaste
gelbe Lebensmittelfarbpaste
hellblaue Lebensmittelfarbpaste
pinkfarbene Lebensmittelfarbpaste
schwarze Lebensmittelfarbpaste
Fondantkleber
1 Cake-Pop-Stiel
1 kleiner Rosenblattausstecher
1 runde Torte (Ø 15 cm, Höhe 12 cm), gebacken und mit Creme eingestrichen (siehe S. 8 und S. 18)
1 runde Torte (Ø 20 cm, Höhe 5 cm), gebacken und mit Creme eingestrichen (siehe S. 8 und S. 18)
1 rundes Cakeboard (Ø 25 cm)
1 Wolkenausstecher
rosa Satinband (etwa 115 cm)

1

Für das Einhorn 150 g weißen Fondant mit der Blütenpaste verkneten. Aus 40 g und 60 g von diesem Modellierfondant je 1 Kugel formen.

2

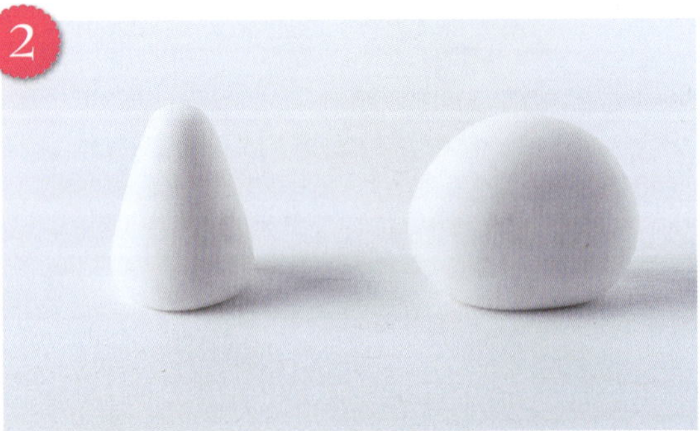

Für den Körper des Einhorns die kleinere Kugel so formen, dass ein Kegel entsteht. Für die Grundform des Kopfes die größere Kugel ganz leicht flach drücken.

40 g weißen Modellierfondant grau färben. Die Hälfte davon zu einem Strang formen, der so breit ist wie der Kopf und an den Enden schmaler wird. Dann mit etwas Fondantkleber an die Unterseite des Kopfes kleben und mit der Hand so nachmodellieren, dass der Übergang von Grau zu Weiß gleichmäßig ist. Zuletzt mit einem spitzen Werkzeug je 2 Löcher für Augen und Nase prägen.

Aus dem restlichen grauen Modellierfondant für die Hufe 4 kleine Kugeln formen. Für die Beine aus 30 g weißem Modellierfondant 4 schmale Kegel formen.

Beine und Hufe nun verbinden, in die Hufe jeweils an der Vorderseite eine kleine Kerbe drücken und die Beine am Körper ankleben. Den Cake-Pop-Stiel von oben durch den Körper stecken und so kürzen, dass er 3 cm herausragt.

Den Cake-Pop-Stiel sehr dünn mit Fondantkleber einstreichen und den Kopf des Einhorns vorsichtig daraufsetzen.

7

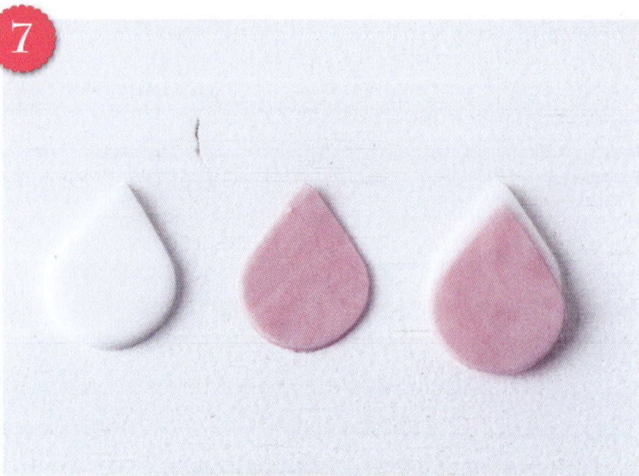

Für die Ohren etwas weißen Fondant dünn ausrollen und mit dem kleinen Rosenblattausstecher 2 Blätter ausstechen. Ein kleine Menge Fondant rosa färben und daraus 2 rosa Blätter ausstechen. Diese nun leicht nach unten verschoben auf die weißen Blätter kleben und die runden Unterseiten gerade abschneiden

8

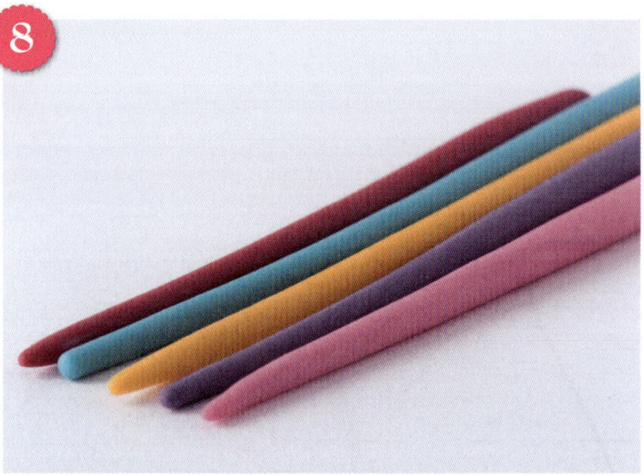

Den Rest des Modellierfondants (etwa 80 g) in 5 Stücke teilen und in Regenbogenfarben einfärben (z. B. rosa, lila, gelb, hellblau, pink). Aus den einzelnen Farben dünn zulaufende Stränge formen.

9

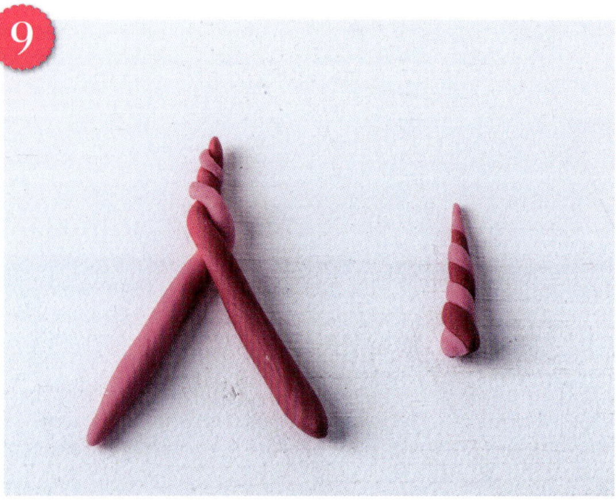

Von 2 der Farben je 1 kleines Stück abnehmen, sehr dünn und spitz formen und miteinander so verdrehen, dass ein Horn entsteht. Auf die gewünschte Länge kürzen und ein wenig trocknen lassen, damit es später seine Form behält.

10

Das Horn und die Ohren vorsichtig an den Kopf kleben. Eine sehr kleine Menge Fondant schwarz färben und zu 2 winzigen Kugeln formen. Diese in die Augenhöhlen kleben.

11

Für die Haare aus den zuvor hergestellten bunten Strängen einzelne Haare abschneiden und spitz zulaufend formen. Diese vorsichtig mit sehr wenig Kleber am Kopf anbringen. Aus dem Rest einen Schwanz formen und hinten am Körper anbringen.

12

Die größere Torte mit 600 g hellblauem Fondant und die kleinere Torte mit 400 g rosa Fondant eindecken (siehe S. 20). Dann beiden Torten aufeinanderstapeln und auf das Cakeboard setzen.

13

Etwa 100 g weißen Fondant ausrollen, mit dem Wolkenausstecher etwa 15 Wolken ausstechen und etwa 10 davon nach Belieben rund um die blaue Torte kleben.

14

Auf der Oberfläche der rosa Torte die restlichen Wolken anbringen, um eine Art Wolkenbett für das Einhorn zu gestalten. Damit die Wolken besser aneinanderpassen, mit dem Ausstecher Stücke von einer ganzen Wolke entsprechend abstechen.

15

Zuletzt aus ausgerolltem weißen Fondant ein Etikett ausschneiden und mit dem Naht Tool rundherum eine Naht andeuten. Auf dem Etikett können nach Wunsch und Anlass Schriftzüge, z. B. Namen, oder Zahlen, z. B. Alter eines Geburtstagskindes, usw. angebracht werden. Als Letztes die Abschlüsse der beiden Torten mit dem rosa Satinband kaschieren.

Fuchs-im-Wald-Torte

Eine Motivtorte muss nicht immer super detailliert sein, um stimmig und liebevoll modelliert zu wirken. So wie diese Torte in bewusst cartoonhafter Optik mit stilisierten Elementen, die einem entzückenden, jungen Fuchs ein schönes Zuhause bieten, das zudem ziemlich lecker schmeckt.

Zutaten

1 runde Torte (Ø 25 cm, Höhe etwa 10 cm), gebacken und mit Ganache eingestrichen (siehe S. 8 und S. 18)
1 runde Torte (Ø 20 cm, Höhe etwa 10 cm), gebacken und mit Ganache eingestrichen (siehe S. 8 und S. 18)
2,2 kg weißer Rollfondant
hellgrüne Lebensmittelfarbpaste
braune Lebensmittelfarbpaste
orange Lebensmittelfarbpaste
rote Lebensmittelfarbpaste
schwarze Lebensmittelfarbpaste
1 rundes Cakeboard (Ø 30 cm)
1 TL CMC (siehe S. 13)
1 Blütenausstecher (Ø 4 cm)
1 länglicher Blattausstecher (etwa 4–5 cm Länge)
150 g Blütenpaste
1 Cake-Pop-Stiel
Fondantkleber
1 Rosenblattausstecher
Lebensmittelfarbstift (optional)

Teil 1: Design der Torte

1

Für diese Torte werden zwei mit Ganache eingestrichene Kuchen benötigt. Die Durchmesser sind 25 cm und 20 cm und die Höhe der einzelnen Ebenen sollte etwa 10 cm betragen.

2

600 g weißen Fondant grün färben. Mit etwas mehr als der Hälfte davon das Cakeboard überziehen und den Rest luftdicht verpacken. Mit einem Slice Tool zahlreiche längliche Vertiefungen in den Fondant drücken, um eine stilisierte Grasoptik entstehen zu lassen.

3

Für die größere Torte (Ø 25 cm) 800 g weißen Fondant braun färben und mit einem größeren Teil davon die Torte grob eindecken (siehe S. 20).

4

Mit einem Slice Tool von der Mitte der Torte ausgehend bis an den unten Rand wellenförmige Linien in den Fondant ritzen. Diese sollten unterschiedlich tief sein, um eine stilisierte Holzoptik entstehen zu lassen.

5

Die Torte mittig auf das vorbereitete Cakeboard setzen.

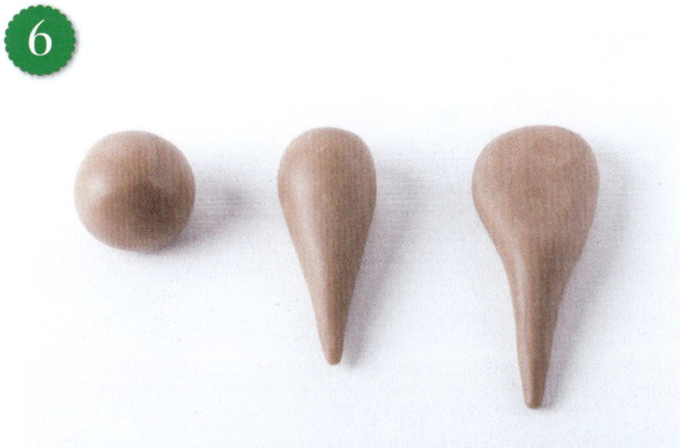

6

100 g braunen Fondant in 4 gleich große Teile teilen und zuerst zu Kugeln formen. Diese Kugeln auf einer Seite länglich und spitz zulaufend formen, dann die noch dickere Enden mit der Handfläche flach drücken.

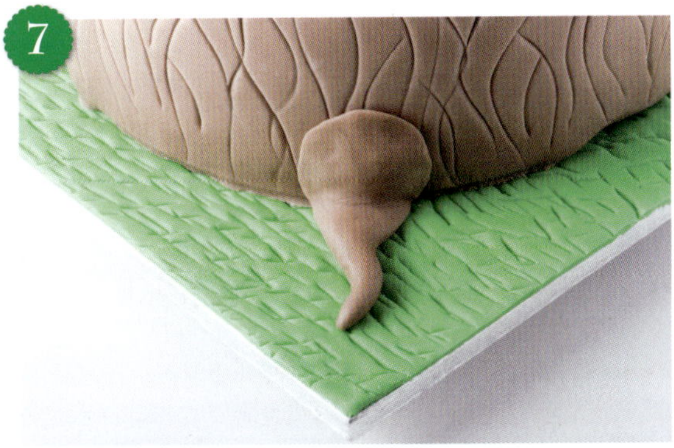

7

Diese Fondantstücke als Baumwurzeln an den unteren Rand der Torte drücken und mit dem Slice Tool wieder Rillen für die Holzoptik einritzen.

8

Aus 50 g des grünen Fondants einen langen Strang rollen und diesen rund um die Torte an der unteren Kante als Abschluss anbringen, um den Übergang der Torte zum Cakeboard zu kaschieren.

9

Mit dem Slice Tool kleine Rillen in den grünen Fondantstrang drücken, um ihn an die Grasoptik anzugleichen.

10

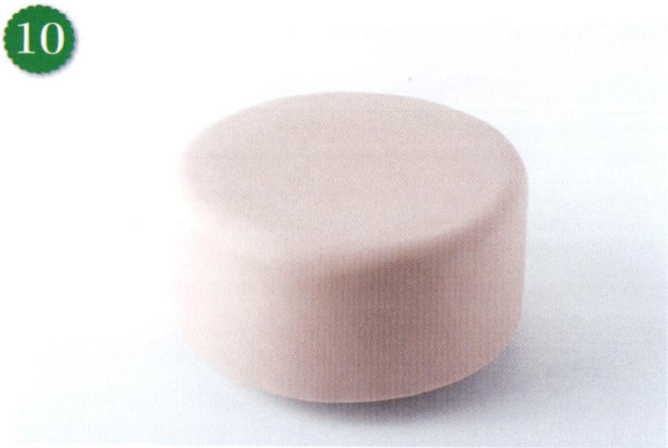

500 g Fondant hellbraun färben und damit die kleinere Torte (Ø 20 cm) eindecken. Hierbei ist es wichtig, dass der Fondant an der unteren Kante sehr gleichmäßig und sauber abgeschnitten wird, damit später nicht allzu viel kaschiert werden muss.

11

Die CMC in den restlichen (etwa 200 g) grünen Fondant kneten, in Frischhaltefolie wickeln und 30 Minuten ruhen lassen. Danach etwa die Hälfte davon dünn ausrollen und mit dem Blütenausstecher so viele Blumen wie möglich ausstechen – 20 Stück sollten reichen.

12

Mit dem Slice Tool Vertiefungen in die Blüten drücken und diese dann in der Hälfte leicht falten.

13

Den restlichen grünen CMC-Fondant ausrollen, mit dem länglichen Blattausstecher 10–12 Blätter ausstechen und der Länge nach in der Mitte eine Vertiefung eindrücken.

14

Die Reste des grünen Fondants dazu verwenden, um kleine Kugeln zu formen. Diese an einer Seite etwas spitz formen und auf der dickeren runden Seite ein kleines Loch hineindrücken. So entstehen stilisierte Knospen.

15

Die kleinere Torte auf die größere setzen und an der Vorderseite zuerst die länglichen Blätter zusammen mit den Knospen anbringen und dann rund um die Torte die leicht gefalteten Blüten ansetzen.

Teil 2: Den Fuchs modellieren

1

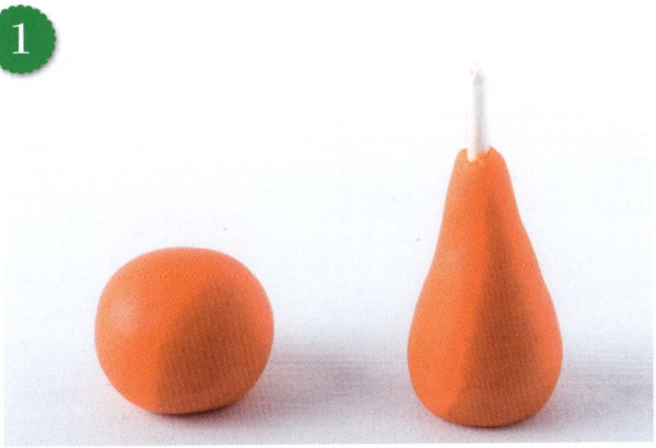

Für den Körper des Fuchses 200 g weißen Fondant mit der Blütenpaste gründlich verkneten. 250 g davon mit Orange und einer Spur Rot kräftig färben, sodass ein typisches Fuchsorange entsteht. Aus etwa 100 g davon eine große Kugel formen, an einer Seite verjüngen und einen Cake-Pop-Stiel durchstecken, sodass dieser 2–3 cm heraussteht (ggf. etwas kürzen).

2

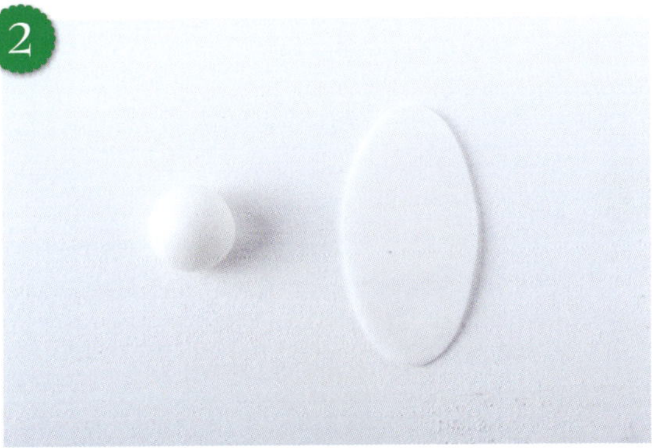

Den übrigen Fondant halbieren. Eine Hälfte weiß lassen, die andere schwarz färben. Aus der weißen Masse ein erbsengroßes Stück entnehmen, zu einer Kugel formen und länglich hauchdünn ausrollen.

3

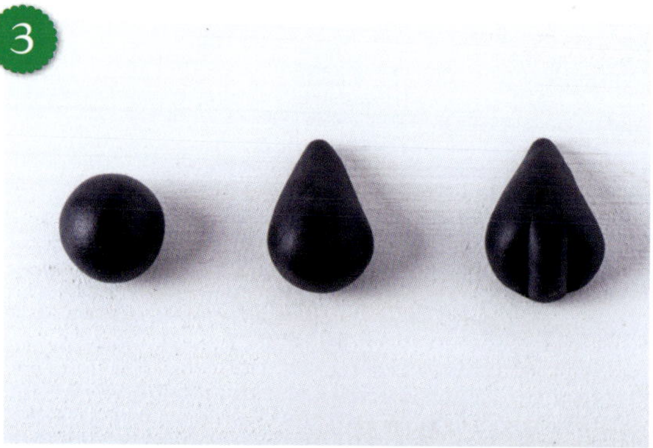

Aus dem schwarzen Fondant 2 etwa 3 cm große Kugeln formen und diese zuerst an einer Seite verjüngen und dann mit einem Slice Tool je 2 Kerben in die dicke Seite drücken, um den Stücken die Form von Pfoten zu geben.

4

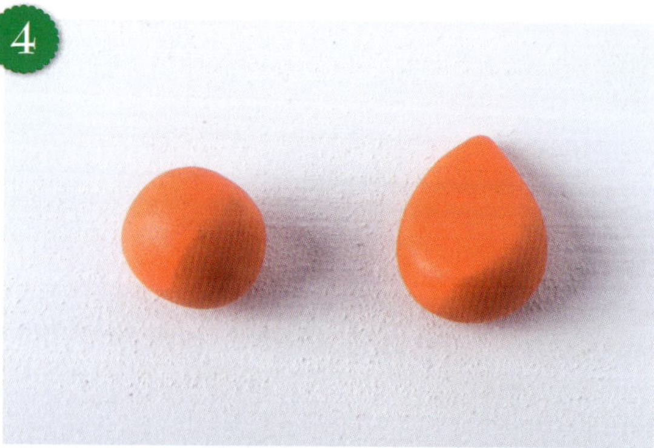

Für die Hinterbeine aus dem orangen Fondant 2 etwa 3 cm große Kugeln formen, diese an einer Seite verjüngen und die zugespitzte Seite mit der Handfläche etwas flach drücken.

5

Die Pfoten zusammen mit den Hinterbeinen mit etwas Fondantkleber am Körper ansetzen. Das zuvor ausgerollte, weiße Oval ebenfalls vorsichtig am Körper anbringen. Diese Konstruktion sollte etwa 1 Stunde ruhen, um zu trocknen und stabil zu werden.

6

Für den Schwanz ein walnussgroßes Stück orangen Fondant zu einer Kugel rollen und diese so formen, dass eine Seite lang und spitz zulaufend und die andere Seite kurz zulaufend wird.

7

Diese Form nun zu einem S legen und kurz antrocknen lassen.

8

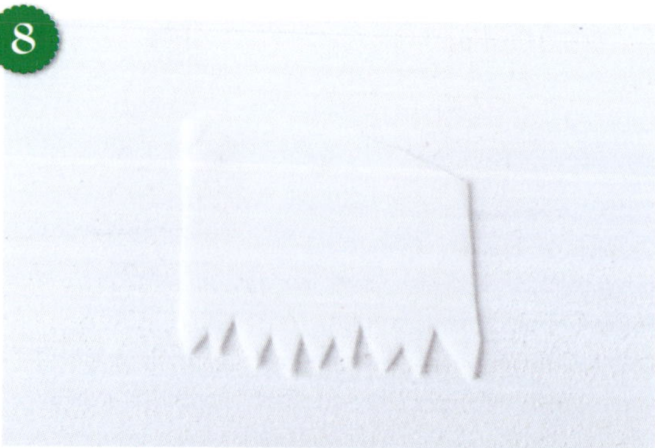

Währenddessen ein Stück weißen Fondant hauchdünn ausrollen und an einer Seite kleine Zacken ausschneiden. Diese dürfen und sollen unregelmäßig sein.

9

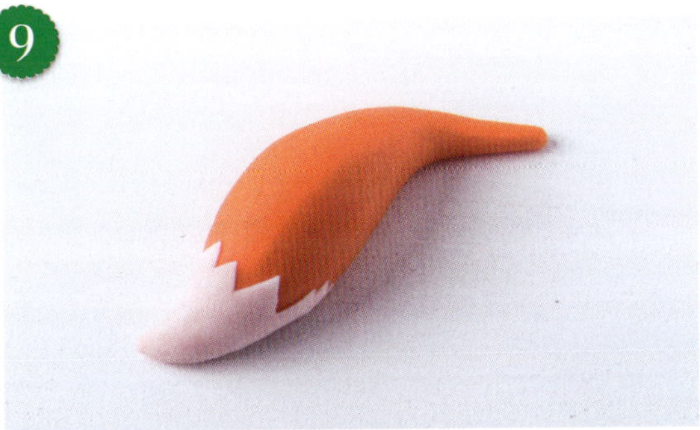

Das weiße Stück Fondant nun mit etwas Fondantkleber einstreichen, um die kurze Spitze des Fuchsschwanzes herumwickeln und überstehende Teile abschneiden. Die Schwanzspitze etwas nachformen, sodass keine Naht sichtbar bleib.

10

Schwarzen Fondant zu 2 etwa 3 cm großen Kugeln formen und so ausrollen, dass sich die Formen verjüngen. An den dickeren Enden wieder je 2 Kerben für die Form der Pfoten einritzen. Aus einem Rest des orangen Fondants dann 2 dünne Spitzen für die oberen Beinstücke formen und an die Pfoten andrücken.

11

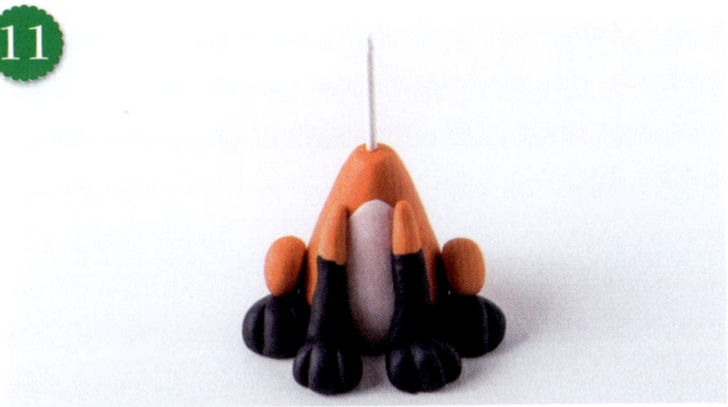

Die Vorderbeine mit Pfoten nun mit Fondantkleber an der Vorderseite des Fuchskörpers anbringen.

12

Für die Ohren mit dem Rosenblattausstecher 2 orange und zwei schwarze Blätter ausstechen und je 1 oranges, leicht nach unten versetzt, auf ein schwarzes Blatt kleben. Das Blatt dann so abschneiden, dass ein gleichwinkliges Dreieck entsteht.

13

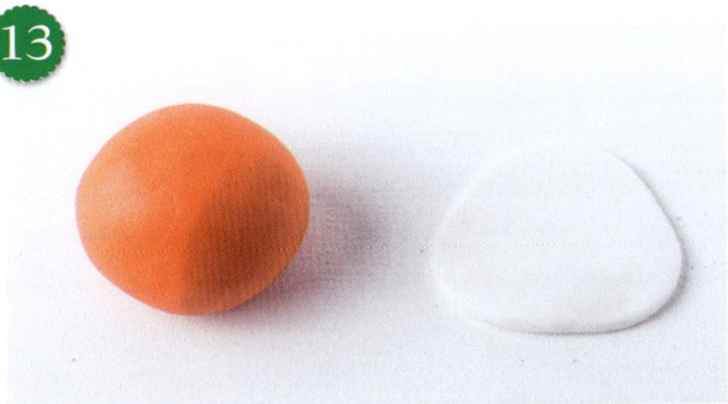

Für den Fuchskopf aus orangem Fondant eine etwa 5 cm große Kugel formen, die leicht abgeflacht ist. Für das Gesicht aus dem weißen Fondant eine 2 cm große Kugel rollen und so flach drücken, dass sich die Form nach oben etwas verjüngt.

14

Die weiße Platte vorn an den Kopf ankleben und oben in der Mitte den weißen Fondant vorsichtig so nach unten schieben, dass eine leichte Herzform entsteht. Den weißen Fondant seitlich so nach außen ziehen und mit einem scharfen Messer spalten, dass eine Art Schnurrhaare entstehen. Aus einem schwarzen Fondantrest zwei Augen, Augenbrauen und eine Nasespitze formen und ankleben. Oben am Kopf einige kleine orange Fondantzipfel als Haare anbringen.

15

Zuletzt die Ohren ankleben und mit dem Slice Tool einen Mund modellieren. Den Kopf vorsichtig auf den Körper stecken und die fertige Figur dann auf die Torte setzen.

16

Optional kann an die Torte eine Art Namensschild angebracht werden. Dazu 50 g braunen Fondant ausrollen, länglich zuschneiden, einige Ecke herausarbeiten und mit dem Slice Tool eine Holzoptik einritzen. Dann mit einem Lebensmittelfarbstift den gewünschten Spruch oder Namen auf den Fondant schreiben und das Schild an der Torte ankleben.

MATILDA

Weißer-Hai-Torte

Er ist der Räuber der Meere, schnell, unbarmherzig, lechzt nach Blut … und schmeckt einfach sensationell lecker nach Marzipan, Fondant und Kuchen. Ja, dieser weiße Hai ist etwas ganz Besonderes!

Zutaten

1 runder Kuchen (Ø 25 cm, 12 cm Höhe), gebacken (siehe S. 8)
500 g Buttercreme (siehe S. 17)
1,1 kg weißer Rollfondant
graue Lebensmittelfarbpaste
rote Lebensmittelfarbpaste
schwarze Lebensmittelfarbpaste
blaue Lebensmittelfarbpaste
100 g Blütenpaste
Fondantkleber
1 rundes Cakeboard (Ø 30 cm)

1

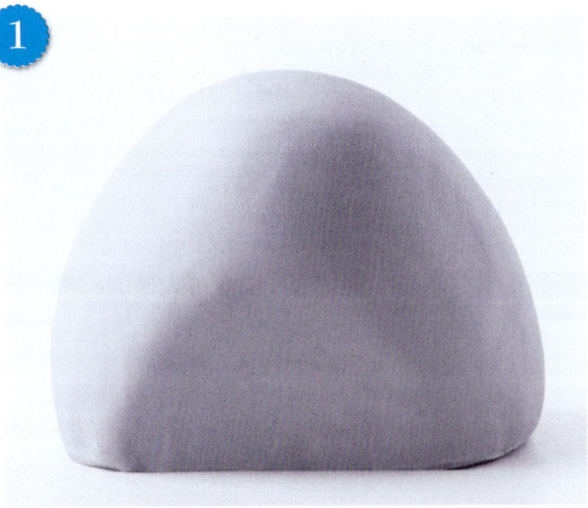

Den gebackenen Kuchen aufstellen und zur Form eines Haifischkopfs zuschneiden. Dünn mit der Buttercreme einstreichen und eventuelle Unebenheiten kaschieren. Dann 400 g Fondant grau einfärben, ausrollen und die Torte damit überziehen (siehe S. 20).

2

Mit einem Ball Tool und Slice Tool Vertiefungen für Augen, Nasenlöcher und Augenfalten prägen.

Einen Streifen aus 100 g weißem Fondant länglich so ausrollen, dass eine Seite gerade bleibt und die andere ungleichmäßig wird. Die leicht gewellte Kante hauchdünn ausrollen. Diesen Fondantstreifen als Mundbereich des Hais anbringen und dabei die Übergänge zum Grau mit der Handfläche vorsichtig glätten.

150 g Fondant rot färben und so ausrollen und zuschneiden, dass damit die gesamte Innenseite des Hairachens bedeckt wird.

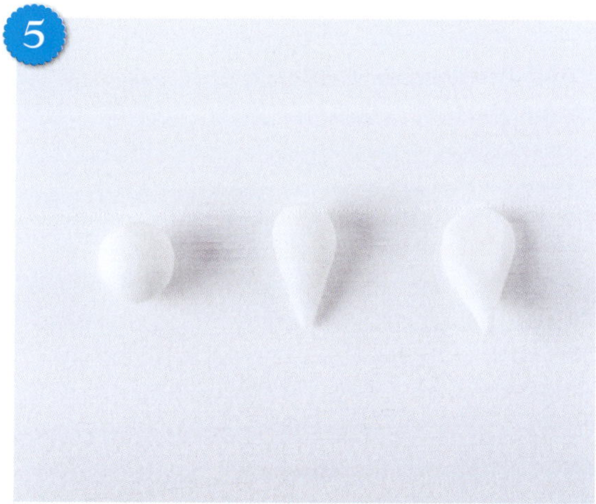

Aus der weißen Blütenpaste kleine Kugeln rollen und diese so formen, dass an einer Seite eine lange Spitze entsteht. Das sind die Zähne, von denen etwa 30 Stück benötigt werden.

Die Zähne mit Fondantkleber so am Rachen ankleben, dass sie alle nach innen zeigen.

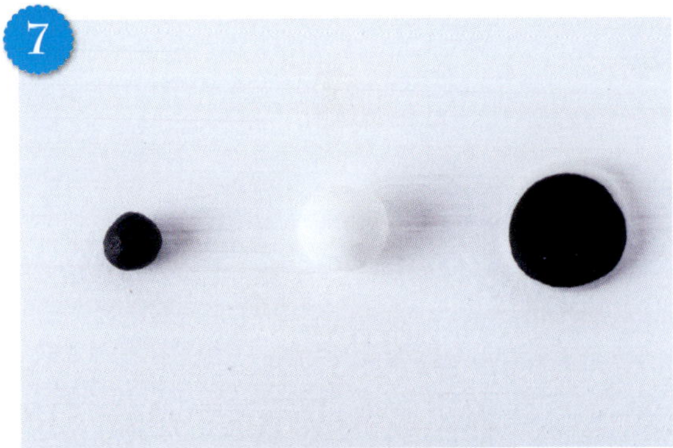

Für die Augen aus etwas weißem Fondant 2 etwa 1 cm große Kugeln rollen und flach drücken. Ein wenig Fondant schwarz färben, zu 2 etwa 5 mm große Kugeln formen und ebenfalls flach drücken. Die schwarzen auf die weißen Kreise kleben.

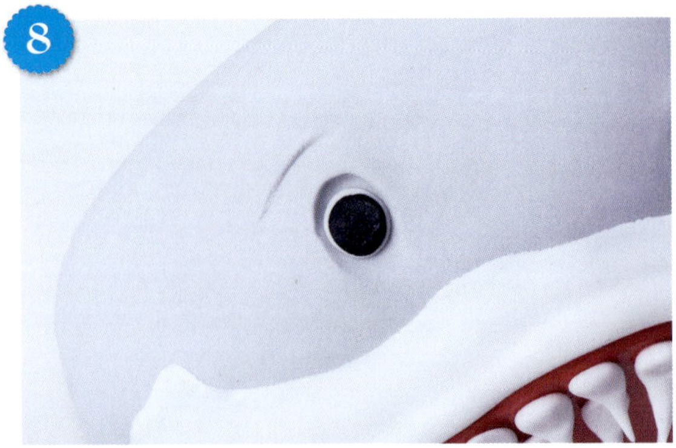

Die Augen am Kopf des Hais unter den Augenfalten mit Fondantkleber anbringen.

250 g Fondant blau färben, dünn ausrollen und damit das Cakeboard so eindecken, dass es über die Ränder hinweg Wellen schlägt. Zu stark überhängenden Fondant an den Rändern abtrennen und gut verpackt für später beiseitelegen.

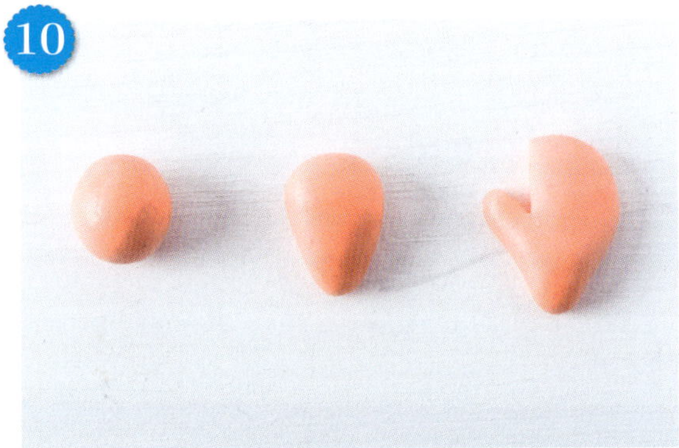

Für die Arme und Beine 200 g Fondant rosahautfarben einfärben. Für die Hand 1 nussgroßes Stück davon abnehmen, zu einer Kugel formen, diese leicht zuspitzen und flach drücken. Dann ein kleines Dreieck herausschneiden, um einen Daumen entstehen zu lassen.

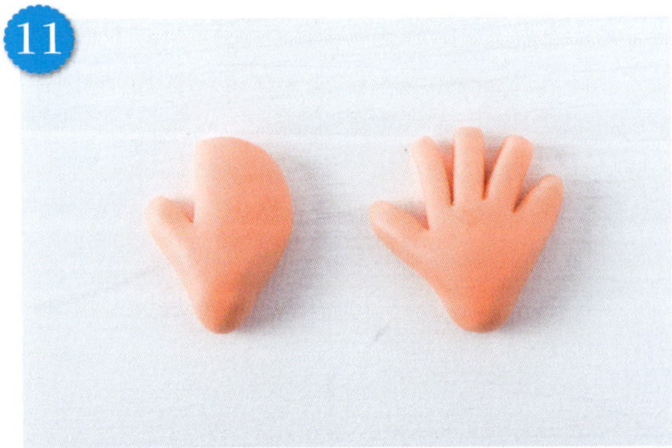

Weitere 3 Schnitte in die Hand setzen um 4 weitere Finger auszuformen. Diese Finger vorsichtig etwas abrunden und auseinanderspreizen.

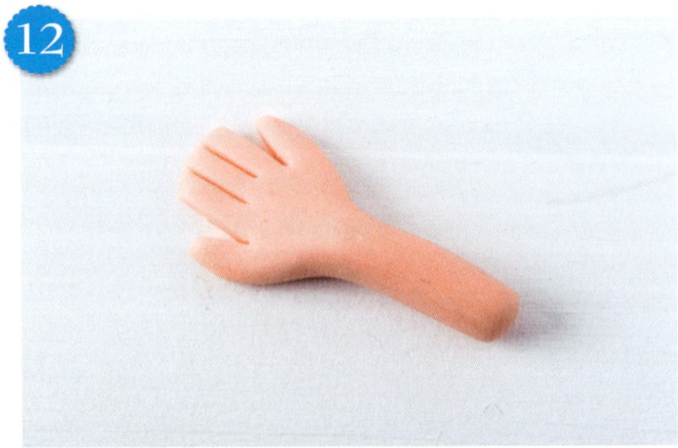

Die zweite Hand auf die gleiche Weise formen, dabei jedoch eine etwas größere Menge hautfarbenen Fondant nehmen und ein Stück Arm mit ausformen.

13

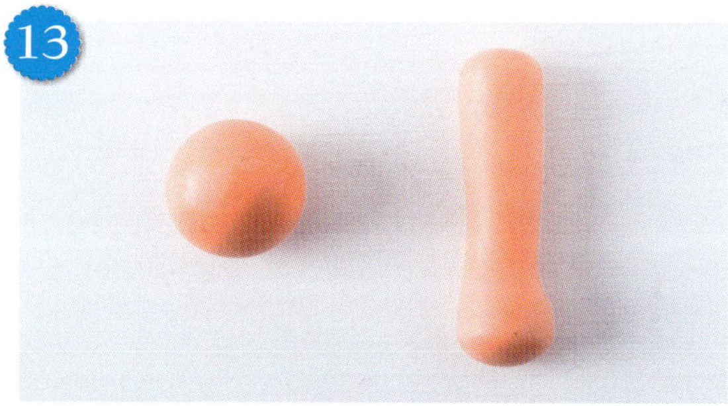

Für die Beine 2 etwa 5 cm große Kugeln formen und diese so ausrollen, dass die Stränge im unteren Drittel im Vergleich zu den Enden etwas schlanker sind.

14

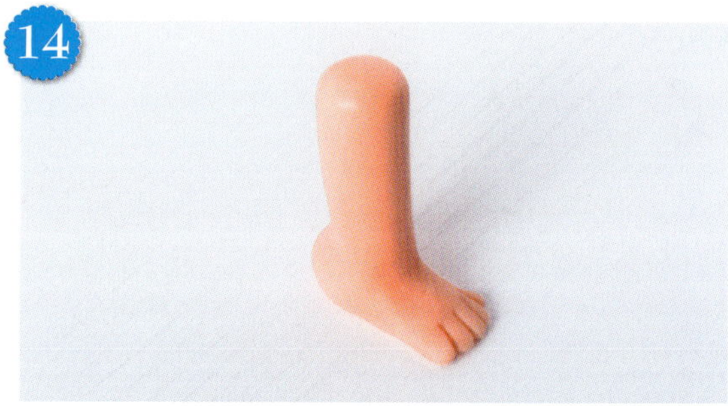

Die kürzeren dicken Enden so ausformen, dass Ferse und Fuß entstehen, dann vorn 4 Schnitte setzen, um die Zehen abzusetzen.

15

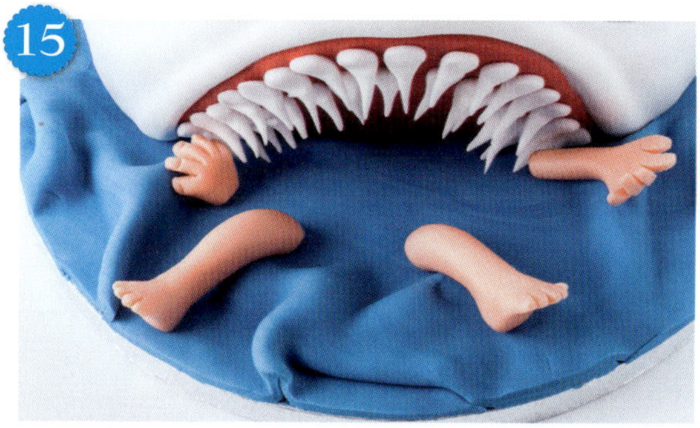

Die Arme und Beine nah am Haifischmaul auf dem Wasser platzieren.

16

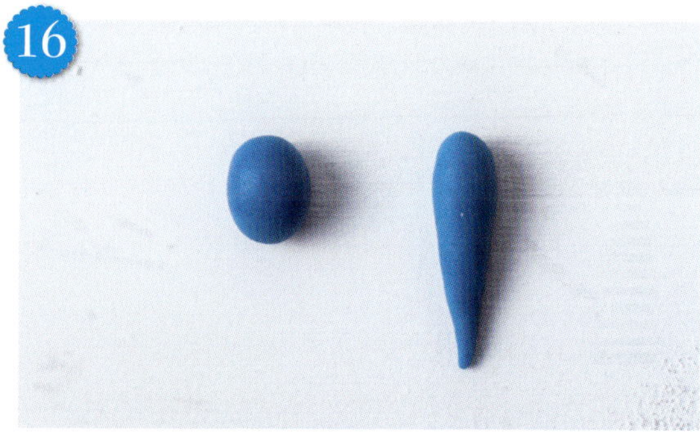

Aus dem Rest des blauen Fondants zuerst Kugeln und daraus dann Tropfen formen.

17

Die Tropfen so platzieren, dass die Übergänge von Händen und Beinen zum Cakeboard kaschiert werden. Die restlichen Tropfen nach Belieben verteilen und ankleben.

Monstertorte

Es kommt aus den Tiefen des Meeres – niemand weiß genau, woher –, um uns zu schnappen und zu fressen … das Seeungeheuer! Doch was es nicht weiß: Dieses Monster ist glatt vom Aussterben bedroht, denn jeder, der es sieht, möchte es umgehend verspeisen.

Zutaten

1,5 kg weißer Rollfondant
violette Lebensmittelfarbpaste
grüne Lebensmittelfarbpaste
schwarze Lebensmittelfarbpaste
pink Lebensmittelfarbpaste
1 runde Torte (Ø 20 cm), gebacken und mit Creme eingestrichen (siehe S. 8 und S. 18)
1 TL CMC (siehe S. 13)
1 rundes Cakeboard (Ø 30 cm)
Fondantkleber
verschiedene runde Ausstecher (u. a. 7 cm, 5 cm, 2 cm und 1 cm)

1

1,2 kg weißen Fondant violett färben, ausrollen und die vorbereitete Torte dünn überziehen (siehe S. 20). Die restliche violette Fondantmasse (etwa 600 g) mit der CMC gut verkneten und luftdicht verpacken.

2

200 g weißen Fondant dunkelgrün färben und das Cakeboard damit überziehen. Dann die Torte seitlich versetzt darauf platzieren.

3

Für die Tentakel aus der violetten Fondantmischung 5 etwa 5 cm große Kugeln formen. Die Kugeln so ausrollen, dass spitz zulaufende Stränge entstehen.

4

Die Stränge nun zu schlangenartigen Tentakeln formen und an der Torte anbringen. Dabei sieht es besonders gut aus, wenn die Tentakel sich ein wenig in die Luft erheben.

5

50 g Fondant schwarz färben und ausrollen. Daraus einen Mund ausschneiden, der etwa die Hälfte der Tortenvorderseite abdecken sollte. Hier kann es hilfreich sein, zuvor eine Schablone aus Papier herzustellen.

6

Die restlichen 50 g weißen Fondant pink färben und dünn ausrollen. Daraus eine Zunge ausschneiden, die aus dem rechten Mundwinkel nach vorn auf das Cakeboard reichen sollte. Auch hier kann es hilfreich sein, eine Schablone aus Papier anzufertigen. Aus 50 g ausgerolltem weißem Fondant kleine Dreiecke für die Zähne ausschneiden.

7

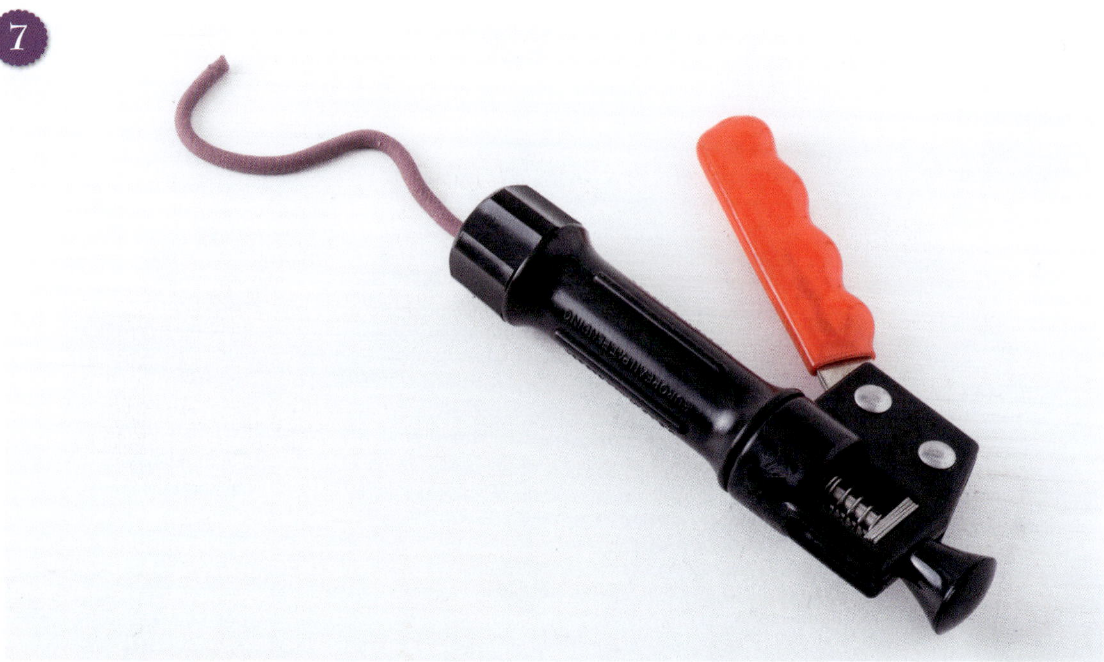

Etwas von der violetten Fondantmischung in eine Sugar Gun geben und daraus einen langen, runden Strang pressen, der um den Mund des Monsters geklebt wird.

8

Nun alle zuvor hergestellten Elemente an der Torte anbringen: den Mund mittig an der Vorderseite ankleben, den dünnen violetten Strang um den Mund als Begrenzung anbringen, die Zähne auf dem schwarzen Element und die Zunge rechts im Mundwinkel fixieren, sodass sie auf dem Cakeboard aufliegt.

9

Aus den violetten, weißen und schwarzen Fondantresten je 1 etwa 7 cm und je 1 etwa 5 cm großen Kreis ausstechen. Mit jeweils denselben Ausstechern nun je 1 halbmondförmigen Teil des schwarzen und weißen Fondantkreises so abtrennen, dass vom weißen Kreis das obere Drittel abgenommen wird und vom schwarzen das untere. Mit den verschiedenfarbigen Teilen zu je 1 Kreis zusammensetzen und diese auf die violetten Kreise aufkleben. Aus dem schwarzen Fondantrest 2 kleinere Kreise ausstechen und diese als Pupillen auf den weißen Fondant kleben. Die fertigen Augen über Nacht trocknen lassen, damit sie stabil werden.

10

Zuletzt die Augen aufkleben. Die übrigen Fondantreste (alle Farben) zusammenkneten, ausrollen und viele verschieden große Kreise ausstechen. Diese Kreise auf dem ganzen „Seeungeheuerkörper" ankleben: die größeren an der Oberseite, die kleineren weiter unten am Rand der Torte.

Roboter Charly

Ich … bin … ein … R-O-B-O-T-E-R … oder doch eher ein Kuchen? In diesem Fall beides. Dieser kleine, ein wenig verrückte Roboter hat das Zeug zum Maskottchen und lässt sich nach Belieben platzieren, um z. B. ein Geschenk zu überreichen oder zu gratulieren. Zudem schmeckt er auch noch lecker – das lässt das Herz eines jeden Technikliebhabers höher schlagen.

Zutaten

1 runde Torte (Ø 10 cm, Höhe 12–14 cm), gebacken und mit Creme eingestrichen (siehe S. 8 und S. 18)
1 runde Torte (Ø 12 cm, Höhe 12–14 cm), gebacken und mit Creme eingestrichen (siehe S. 8 und S. 18)
1 runde Torte (Ø 20 cm, Höhe 12–14 cm), gebacken und mit Creme eingestrichen (siehe S. 8 und S. 18)
3 runde Cakeboards (Ø 10 cm, Ø 12 cm und Ø 20 cm)
1,25 kg weißer Rollfondant
graue Lebensmittelfarbpaste
grüne Lebensmittelfarbpaste
braune Lebensmittelfarbpaste
sonnenblumengelbe Lebensmittelfarbpaste
1 quadratisches Cakeboard (20 x 20 cm)
Fondantkleber
2 gestr. TL CMC (siehe S. 13)
4–6 Cake-Pop-Stiele
4 runde Ausstecher (etwa 6 cm; 5 cm; 4,5 cm und 3 cm)
1 Floristendraht
essbares Goldpulver
50 ml weiße Spirituose (z. B. Wodka, Rum etc.)

1

Für den Körper des Roboters die 3 kleinen Torten vorbereiten und auf die gleich großen Cakeboards stellen. 600 g weißen Fondant grau färben und damit alle 3 Torten bis zum unteren Cakeboardrand dünn überziehen (siehe S. 20).

100 g weißen Rollfondant grün färben und damit das quadratische Cakeboard überziehen. Mit einer sauberen Küchenbürste viele kleine Vertiefungen in den Fondant drücken um eine Grasoptik zu erzielen, dann die Ränder sauber abschneiden.

Die kleinste auf die mittelgroße Torte (Ø 10 cm und Ø 12 cm) stapeln und an die Ecke des vorbereiteten Cakeboards setzen, dabei zusätzlich mit etwas Fondantkleber fixieren.

Aus einem Rest des grauen Fondants 2 dünne, etwa 1 cm breite Streifen ausschneiden und damit die Übergänge zwischen den Torten und zum Cakeboard hin kaschieren. 200 g Fondant hellbraun färben, daraus einen Streifen ausschneiden und diesen vertikal an die obere der beiden Torten kleben. Mit dem Straw Tool kleine Löcher in den Streifen prägen und mittig einen Strich eindrücken.

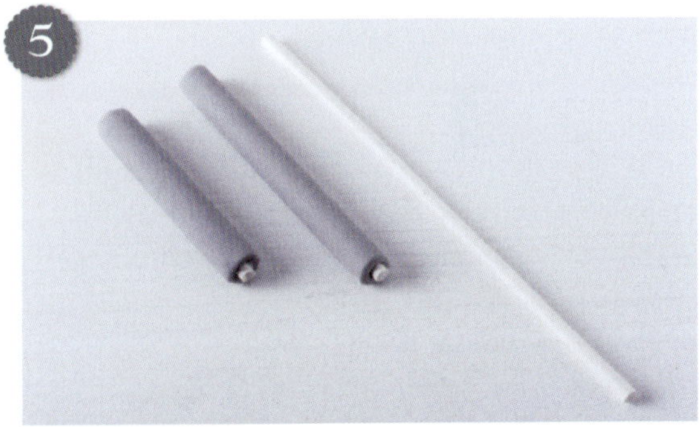

Weitere 250 g Fondant grau färben und die CMC hineinkneten. Dies lässt den Fondant an der Luft vollständig aushärten und gibt den Gliedmaßen mehr Stabilität. Dann abmessen, wie lang die Beine und Arme werden sollen (je 2 Oberschenkel, Unterschenkel, Ober- und Unterarme). Die Cake-Pop-Stiele entsprechend zuschneiden bzw. kürzen, rund um diese herum grauen Fondant anbringen und glatt rollen. Die Enden der Stiele sollen etwas aus dem Fondant herausragen.

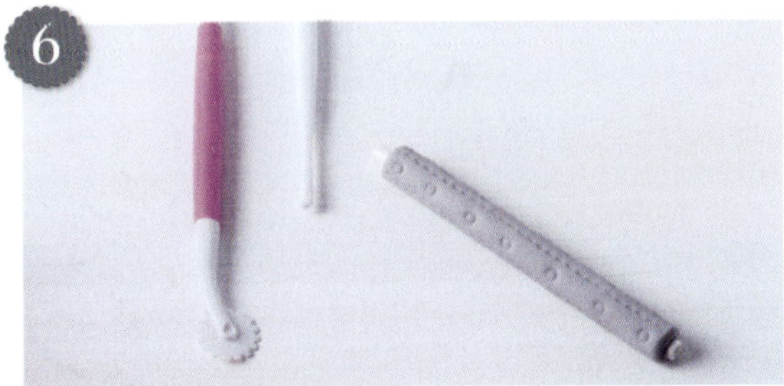

Dann mit dem Naht Tool längs Nähte in die Arme und Beine prägen und mit dem Straw Tool runde Vertiefungen hineindrücken. Die Teile antrocknen lassen.

Für die Schuhe aus dem braunen Fondant 2 etwa 4 cm große Kugeln formen, diese leicht flach drücken und mit dem Naht Tool längs 3 Nähte einprägen.

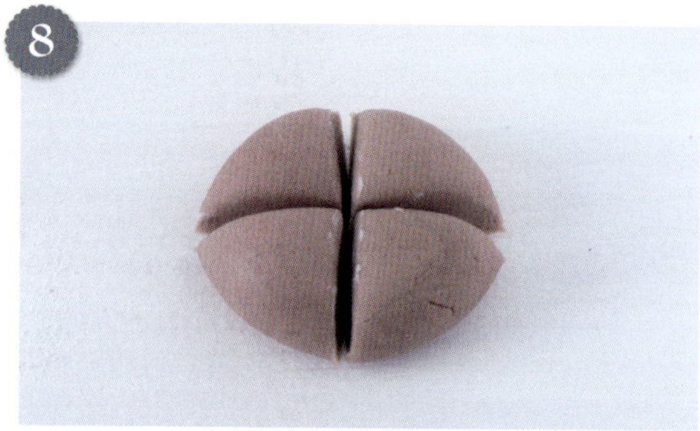

Aus dem braunen Fondant eine 4 cm große Kugel formen und flach drücken, dann vierteln. Diese Elemente verbinden später die Gliedmaßen und geben ihnen Stabilität.

Die Beinteile nun mit den Verbindungsstücken und den Schuhen zusammenfügen, am Körper ansetzen, mit Fondantkleber fixieren und antrocknen lassen. Einmal fest, sind diese sehr stabil.

Aus dem braunen Fondant einen dünnen 5–7 cm großen Kreis ausrollen und vierteln. Je ein Viertel um jedes Beingelenk kleben und mit dem Naht Tool Nähte prägen.

Nun starten wir mit dem Kopf. Aus einem Stück Papier eine Schablone für den Unterkiefer ausschneiden und an die 20 cm große Torte anpassen.

100 g grauen Fondant etwa 5 mm dick zu einem Streifen ausrollen, die Schablone darauflegen und den Unterkiefer ausschneiden. Diesen mit etwas Fondantkleber an die Torte kleben.

100 g Fondant sonnenblumengelb färben, ausrollen und mit dem 6 cm großen Ausstecher 2 Kreise ausstechen. Mit einem scharfen Messer am Rand Vierecke so herausschneiden, dass die Form eines Zahnrads entsteht. Es werden 2 Zahnräder benötigt.

Aus den beiden Zahnrädern mit dem 4,5 cm großen Ausstecher einen Kreis ausstechen. Für eines der Zahnräder einen Kreis aus weißem Fondant ausstechen und diesen in das Zahnrad legen. Einen zweiten weißen Kreis ausstechen.

Den Floristendraht zu einer Spirale drehen, die sich zu einem Ende hin verjüngt. An die Spitze eine Kugel aus einem Rest des gelben Fondants stecken und trocknen lassen.

Das „ungefüllte" Zahnrad auf die Mitte der Kopfoberfläche kleben und den Draht hineinstecken. So entsteht die Antenne des Roboters.

17

Ein Rechteck aus dem Rest des braunen Fondants schneiden und ins Gesicht des Roboters kleben.

18

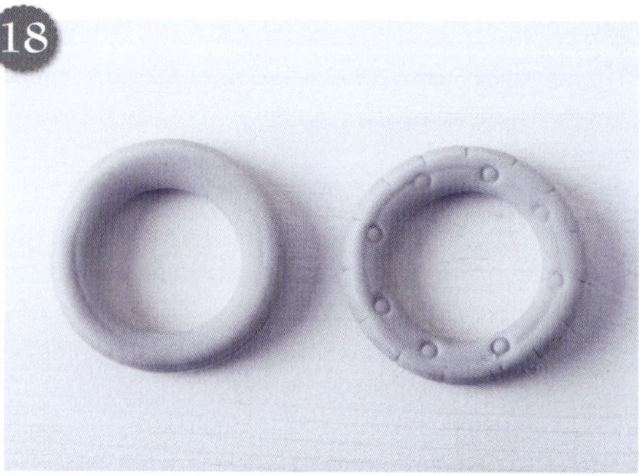

Für eines der Augen 50 g grauen Fondant 1 cm dick ausrollen und zuerst mit dem größeren Ausstecher einen Kreis für die Augen ausstechen, dann mit dem etwas kleineren das Innere ausstechen. Mit dem Straw Tool kleine runde Vertiefungen prägen und außen mit einem Messer Einkerbungen rund um den Ring drücken.

19

Für das Innere der Augen aus gelbem Fondant 2 etwa 2 x 2 cm große Quadrate ausstechen. Etwas Goldpulver mit einigen Tropfen Spirituose vermengen und die Quadrate damit einpinseln. 1 etwa 2 x 2 cm großes Quadrat aus schwarzem Fondant ausstechen, in 4 Quadrate schneiden und je 1 Viertel davon als Pupille in die Ecken der beiden goldenen Vierecke kleben.

20

Etwas braune Farbe mit einigen Tropfen Spirituose vermischen und auf die braune Fläche im Gesicht des Roboters pinseln. Dann das zweite weiß „gefüllte" Zahnrad sowie den zweiten weißen Kreis als Augen daraufkleben.

Aus dem Rest des gelben Fondants mit den 3 cm und 5 cm großen Ausstechern je 2 Kreise ausstechen, aufeinander kleben und mit goldfarben einpinseln.

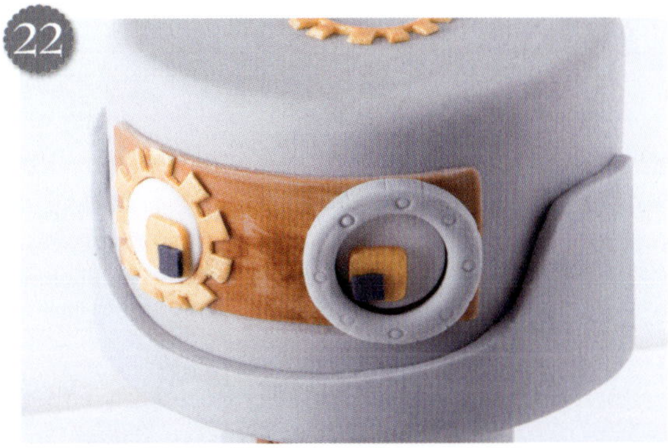

Den zuvor hergestellten grauen Ring am linken Auge anbringen und die beiden Augeninneren mit Pupillen aufkleben.

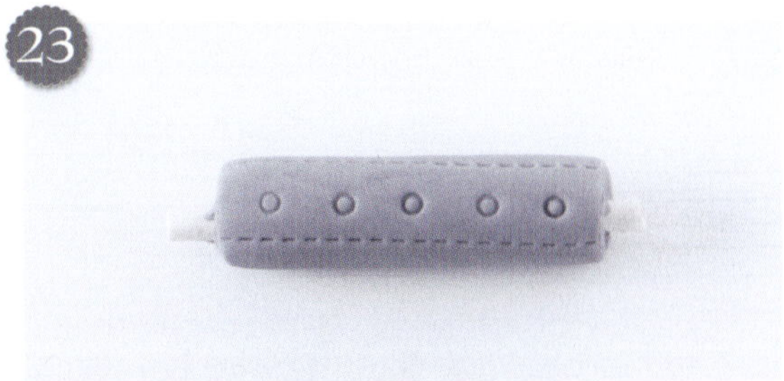

Die Arme auf die gleiche Weise wie bei den Beinen zuvor abmessen und herstellen.

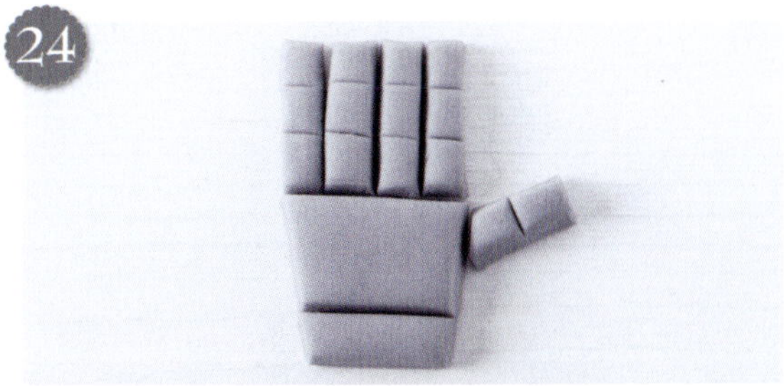

Den restlichen mit CMC verkneteten grauen Fondant 5 mm dick ausrollen und daraus 2 Hände aus Einzelteilen ausschneiden. Dabei daran denken, die Daumen unterschiedlich anzusetzen.

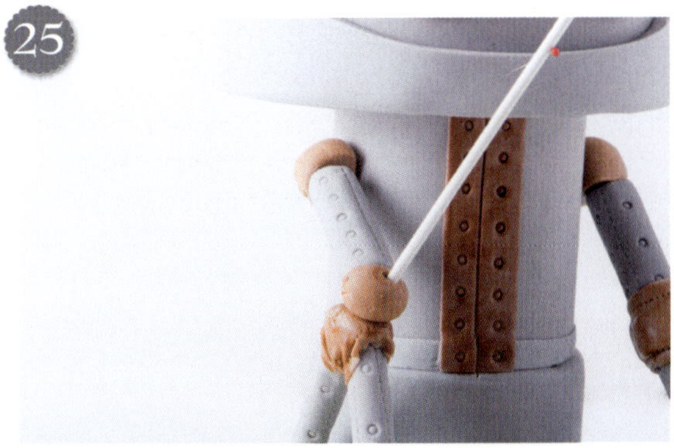

Wie bei den Beinen auch bei den Armen braune Verbindungsstücke herstellen und damit die grauen Armelemente verbinden und ankleben. Bis der Kleber zu trocknen beginnt, die Arme vorsichtig mit Stecknadeln fixieren. (Wichtig: Diesen Vorgang unbedingt notieren, damit später ja keine Nadel vergessen wird!)

Aus dem restlichen grauen Fondant eine ungleichmäßige Kugel als kleinen Felsen formen (falls erwünscht, zur farblichen Absetzung etwas Schwarz streifig einarbeiten) und darauf die linke Hand anbringen. Dann den linken Arm aufsetzen und fixieren.

Den rechten Arm ein wenig in den Fondant des Kinns drücken und ankleben.

Zuletzt die rechte Hand ankleben und damit den Arm endgültig stabilisieren.

Die Gelenke der Arme wie schon bei den Beinen mit sehr dünnen Quadraten aus braunem Fondant überziehen und mit dem Naht Tool absteppen.

Die braunen Teile noch mit etwas angemischter brauner Farbe anmalen, und der Roboter ist fertig. Zuletzt kontrollieren, ob alle Stecknadeln entfernt wurden!

Ballontorte

Mädchen mögen rosa, sie lieben es ein wenig kitschig, und am besten sollte es auch noch bunt sein ... Was wie ein buntes Sammelsurium an Klischees klingt, entpuppt sich jedoch schnell als eine fantastische Geburtstagstorte für Mädchen jeden Alters!

Zutaten

900 g weißer Rollfondant
pinkfarbene Lebensmittelfarbpaste
grüne Lebensmittelfarbpaste
gelbe Lebensmittelfarbpaste
blaue Lebensmittelfarbpaste
violette Lebensmittelfarbpaste
orange Lebensmittelfarbpaste
schwarze Lebensmittelfarbpaste
1 runde Torte (Ø 20 cm), gebacken und mit Creme eingestrichen (siehe S. 8 und S. 18)
1 quadratisches Cakeboard (25 x 25 cm)
250 g Modelliermarzipan
rosafarbenes Satinband (etwa 65 cm lang)
Fondantkleber
1 EL weiße Spirituose (z. B. Wodka, Rum etc.)

1

Für den Fondantüberzug 800 g Fondant zartrosa färben und die vorbereitete Torte dünn damit überziehen (siehe S. 20). Mit dem restlichen rosa Fondant das Cakeboard eindecken.

2

Das Modelliermarzipan verschiedenen färben (z. B. grün, gelb, blau, violett, rosarot, orange) und daraus etwa 3 cm große Kugeln formen.

3

100 g Fondant schwarz färben, dünn ausrollen und antrocknen lassen. Währenddessen das Mädchen anhand der Schablone (siehe S. 109) auf Papier übertragen und ausschneiden. Auf den Fondant legen und mit einem schmalen, scharfen Messer ausschneiden. Die Ränder nacharbeiten.

4

Das rosafarbene Satinband um den unteren Rand der Torte legen und fixieren. Das Mädchen an die Torte kleben, die Ränder mit dem Finger etwas nacharbeiten und glätten. Die zuvor hergestellten Kugeln wie Luftballons etwas länglicher formen und einige davon mit dem spitzen Ende zum Mädchen hin an die Torte kleben.

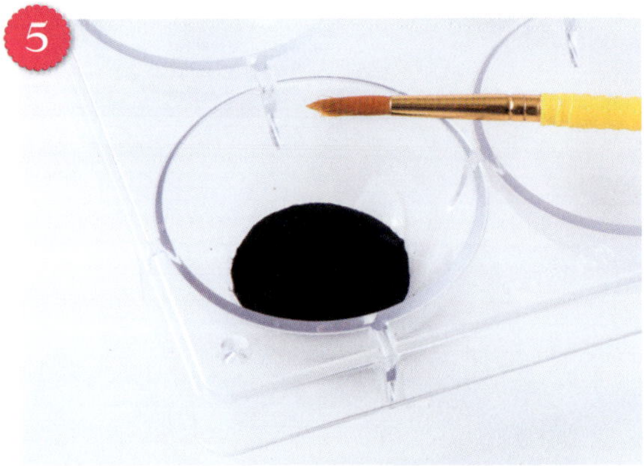

Die Spirituose mit schwarzer Lebensmittelfarbpaste färben.

Mit einem sehr feinen Pinsel Linien von der Hand des Mädchens hin zu den spitzen Enden der Ballons malen.

Bis auf 3 Ballons alle anderen Ballons ebenfalls an der Torte anbringen. Dabei für jeden Ballon eine Linie bzw. Schnur hin zur Hand des Mädchens malen.

8

Für „wegfliegende" Luftballons die 3 übrigen Ballons am anderen Ende der Torte platzieren und nur kurze Linien dazu malen.

9

Eventuell fehlende Linien ergänzen und, falls notwendig, noch zusätzliche Ballons aufkleben, um ein stimmiges Ganzes zu erhalten.

Schmetterlingstorte

Ein Schmetterling in den Farben Rosa, Pink und zartes Blau, zudem mit Herzen und Blumen … Diese Torte ist der Traum an jedem Mädchengeburtstag. Zudem zeigt sie, dass Motivtorten nicht immer aufwendig sein müssen, um Kinderherzen höher schlagen zu lassen.

Zutaten

1 runde Torte (Ø 25 cm), gebacken, in der Hälfte geteilt und einzeln mit Creme eingestrichen (siehe S. 8 und S. 18)
1,3 kg weißer Rollfondant
rosa Lebensmittelfarbpaste
blaue Lebensmittelfarbpaste
pinkfarbene Lebensmittelfarbpaste
grüne Lebensmittelfarbpaste
schwarze Lebensmittelfarbpaste
2 Rosenblattausstecher (etwa 6 cm und 4 cm Länge)
Fondantkleber
2 Blütenausstecher (etwa Ø 2,5 cm und 2 cm)
1 Herzausstecher (etwa Ø 2,5 cm und 2 cm)
1 runder Ausstecher (etwa Ø 2,5 und 1 cm)
250 g Modelliermarzipan
1 Cake-Pop-Stiel
1 Stück Spaghetti

1

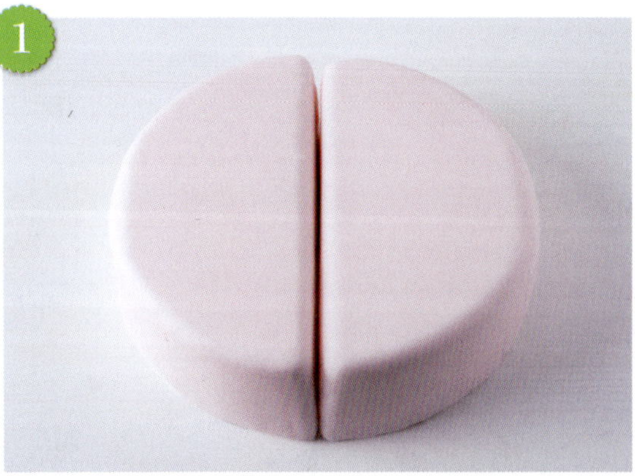

Für den Schmetterling die Tortenhälften vorbereiten. 800 g Fondant rosa einfärben und jeweils mit der Hälfte davon die beiden Tortenteile überziehen (siehe S. 20).

2

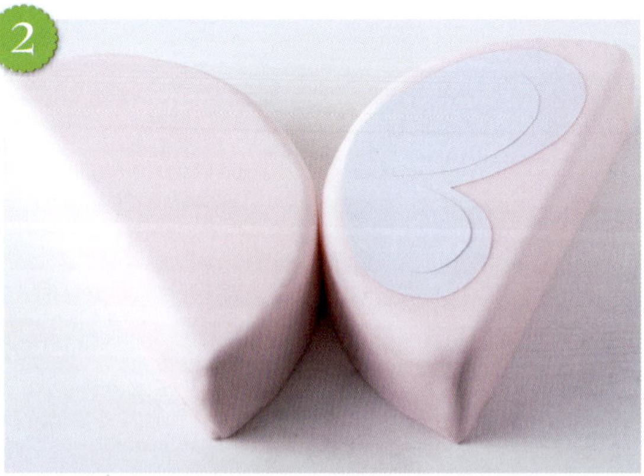

Die Tortenhälften mit den runden Seiten so zueinander setzen, dass sich eine Flügelform ergibt. Nun für die Schmetterlingsflügel 2 Papierschablonen ausschneiden, eine davon etwas größer als die andere.

200 g Fondant zartblau färben, sehr dünn ausrollen. Mithilfe der größeren Schablone 2 Flügel ausschneiden und je 1 Flügel auf die Tortenhälften legen.

200 g Fondant etwas kräftiger rosa färben als die Torte selbst. Anhand der kleineren Flügelschablone wieder 2 Flügel ausschneiden und auf die blauen Flügelteile legen.

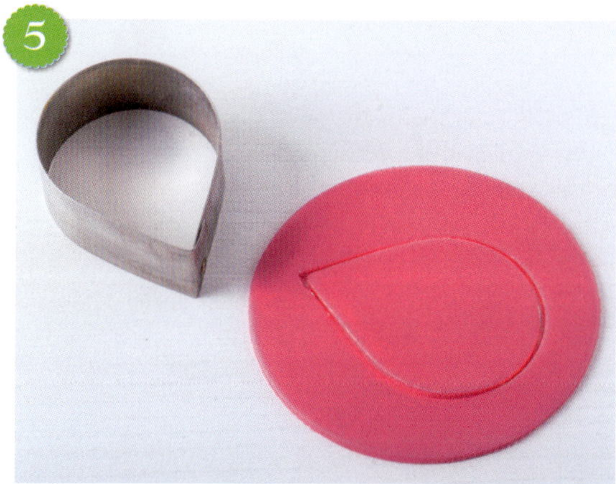

100 g Fondant pink färben, ausrollen und mit den beiden Rosenblattausstechern je 2 Flügelelemente ausstechen.

Die pinkfarbenen Elemente auf die rosa Flügel setzen.

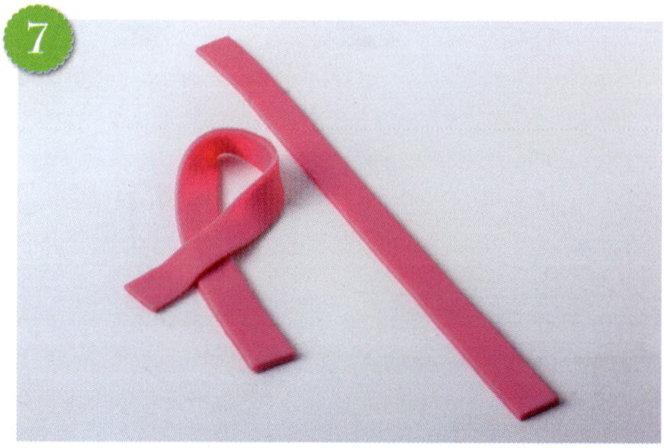

Aus dem restlichen pinkfarbenen Fondant 2 etwa 2 cm breite Streifen von ungefähr 65 cm Länge ausschneiden.

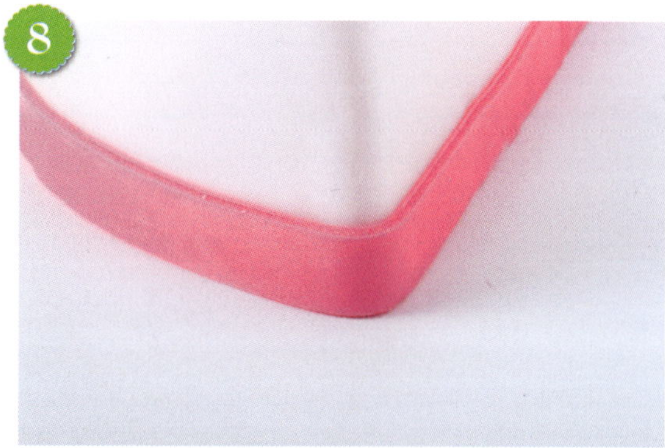

Die 2 Streifen am unteren Rand der beiden Tortenhälften mit Fondantkleber ankleben. So erhält die Torte einen sauberen Abschluss.

Aus den blauen, rosa und pinkfarbenen Fondantresten mit den verschiedenen Blüten- und Herzausstechern sowie mit dem kleinen runden Ausstecher einige dekorative Elemente herstellen. Nach Belieben, die größeren Blüten und Herzen mit den kleineren Ausstechern ausstechen und zweifarbig wieder zusammensetzen.

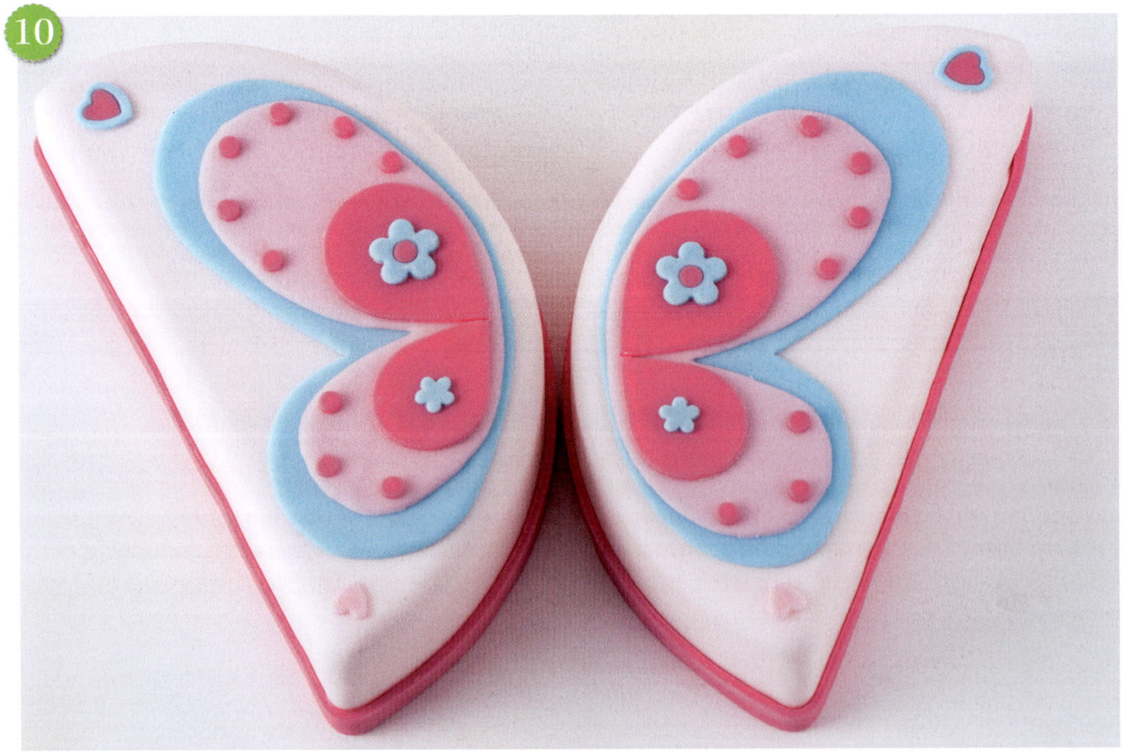

Die Flügel mit den Blüten, Herzen und Kreisen fertig dekorieren.

Für den Schmetterlingskörper das Modelliermarzipan grün färben. Aus 200 g Marzipan einen Strang formen, der an einem Ende spitz zuläuft. Mit einem stumpfen Messer in gleichmäßigen Abständen rundherum Streifen einkerben.

Aus 50 g grünem Modelliermarzipan eine Kugel formen und mit dem größeren runden Ausstecher einen Mund einprägen. Die Kugel mithilfe des Cake-Pop-Stiels an den Körper stecken.

Aus etwas weißem und schwarz gefärbtem Fondant noch Augen herstellen sowie aus einem kleinen Rest des grünen Marzipans drei kleine Kugeln für Nase und Fühler rollen. Die Nase anbringen, die beiden Fühlerkugeln auf 2 kurze Spaghettistücke setzen und am Kopf anbringen. Die Spaghettistücke können nach Belieben mit grüner Lebensmittelfarbe angemalt werden. Zum Schluss den Schmetterlingskörper auf die Mitte der Torte setzen.

Lokomotivtorte

Eine Lokomotive ... ein Fahrzeug als Traum eines kleinen Jungen, als Symbol für eine lange Reise, das perfekte Geschenk für einen Zugführer, und vermutlich gibt es noch viele andere passende Momente, in der diese Torte das Herz eines Menschen höher springen lassen würde. Das entschädigt schon mal für den etwas höheren Arbeitsaufwand.

Zutaten

600 g Modelliermarzipan
schwarze Lebensmittelfarbpaste
braune Lebensmittelfarbpaste
graue Lebensmittelfarbpaste
grüne Lebensmittelfarbpaste
Fondantkleber
1 kg weißer Rollfondant
100 g Blütenpaste
1 quadratischer Ausstecher
3 runde Ausstecher (Ø 5 cm, Ø 3 cm und Ø 2 cm)
1 runde Torte (Ø 25 cm), gebacken und mit Creme eingestrichen (siehe S. 8 und S. 18)
Betonprägematte
1 rundes Cakeboard (Ø 30 cm)
Holzprägematte
etwas weiße Spirituose (z. B. Wodka, Rum etc.)

1

350 g Marzipan schwarz färben, 50 g davon für später beiseitelegen und den Rest halbieren. Aus einer Hälfte einen leicht länglichen Quader (etwa 5 x 5 x 7 cm) herstellen. Die Ecken müssen dabei nicht perfekt ausgeformt sein. Diese werden noch kaschiert.

2

Aus der zweiten Hälfte des schwarzen Marzipans einen etwa 15 cm langen und etwa 5 cm breiten, flachen Quader formen.

3

Den zuerst hergestellten Quader hochkant auf den flachen Quader stellen, mit etwas Fondantkleber fixieren und antrocknen lassen.

4

150 g weißen Fondant mit der Blütenpaste verkneten und hellbraun färben. Ausrollen und daraus 4 gleich große Rechtecke schneiden, die die Seiten des oberen Quaders abdecken sollen. Mit einem Messer längs 2 Linien in die Rechtecke drücken und mit dem Slice Tool eine Holzstruktur hineinmodellieren. Mit dem quadratischen Ausstecher aus 2 Rechtecken Fenster ausstechen.

5

Die Rechtecke um den Quader herum ankleben. Aus dem braunen Fondant 4 Streifen schneiden, daraus Umrandungen für die Fenster herstellen und ankleben. Mit dem Straw Tool Löcher in den Fondant prägen und mit dem Slice Tool eine Holzoptik modellieren.

6

250 g Marzipan grau färben und daraus zuerst ein Quadrat als Dach für die Lokomotive herstellen. Dann aus etwa 100 g davon eine dicke Rolle für die Vorderseite der Lokomotive formen und den Zylinder auf das schwarze Marzipan kleben.

7

Aus der hellbraunen Modelliermasse 2 Streifen herstellen und diese um den Zylinder der Lokomotive kleben. Mit dem Straw Tool Löcher in die Streifen prägen.

8

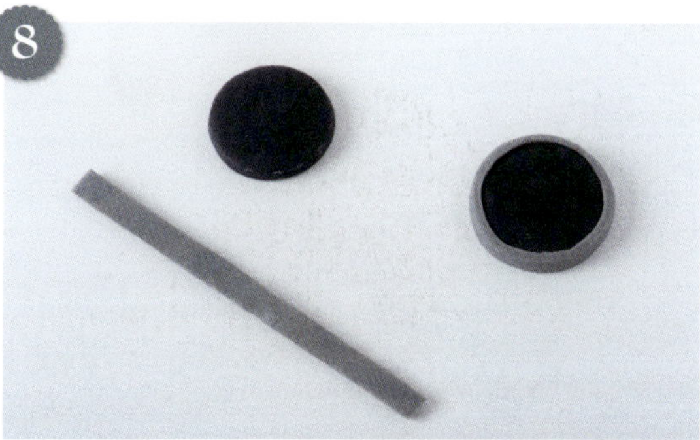

Für die Räder aus dem beiseitegelegten schwarzen Marzipan 4 etwa 5 cm große Kreise ausstechen. Aus dem grauen Marzipan 4 Streifen schneiden und diese als Reifen um die Räder legen.

9

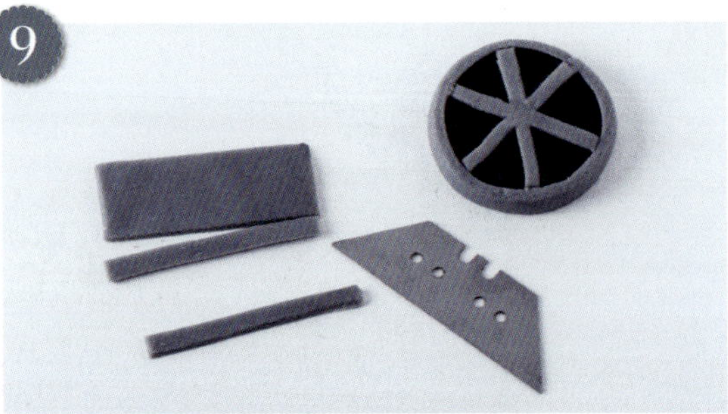

Sehr dünne graue Streifen ausschneiden und als Speichen auf den Rädern anbringen.

10

Aus dem grauen Marzipan mit dem mittleren Ausstecher 2 etwa 3 cm große Kreise ausstechen und mit dem 2 cm großen Ausstecher je 1 Kreis in die Räder drücken.

11

Für den Kuhfänger der Lokomotive aus dem grauen Marzipan einen etwa 5 cm langen Quader formen und diesen an einer Seite schräg abflachen. Mit dem Slice Tool horizontale Vertiefungen hineindrücken.

12

Für den Rauchfang der Lokomotive 50 g Fondant schwarz färben und daraus 2 Zylinder herstellen – einer etwas länger und schmaler, der andere kürzer und breiter. Beide Elemente aufeinanderkleben.

13

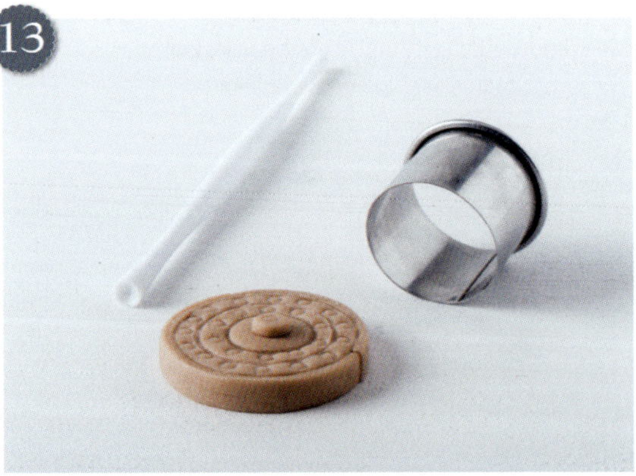

Aus dem hellbraunen Modellierfondant einen Kreis ausstechen, der etwas größer sein sollte als der Durchmesser des Zylinders an der Vorderseite der Lokomotive. Mit dem Straw Tool kreisförmige Vertiefungen prägen.

14

Nun alle Elemente (Räder, Vorderbau und Rauchfang) mit etwas Fondantkleber an der Lokomotive anbringen. 2 dünne Streifen aus dem hellbraunen Modellierfondant herstellen und diese als Verbindung zwischen den beiden hinteren Rädern anbringen. Wer mag, der kann eines der vorher ausgestochenen hellbraunen Rechtecke auf das Dach der Lokomotive kleben.

Die vorbereitete Torte mit 500 g grauem Fondant eindecken (siehe S. 20) und mit der Betonprägematte eine Betonoptik andeuten. 250 g Fondant grün färben und das Cakeboard damit dünn eindecken. Die Torte auf das Cakeboard setzen.

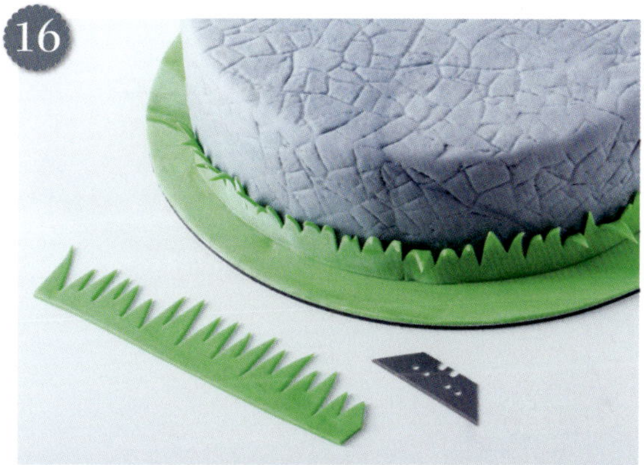

Den Rest des grünen Fondants ausrollen, in Streifen schneiden und diese gezackt ausschneiden, damit eine Grasoptik entsteht. Die Grasstreifen rund um die Torte ankleben und die grünen Spitzen ein wenig nach außen biegen.

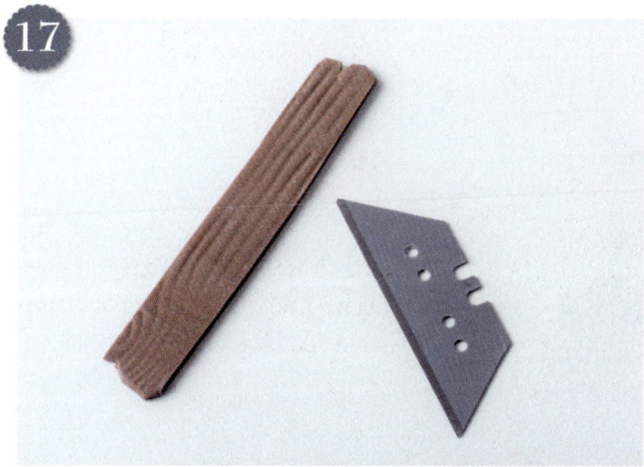

50 g Fondant dunkelbraun färben, mit der Holzprägematte ein Muster hineindrücken und leicht ungleichmäßige Bretter zuschneiden.

Die Bretter als Bahnschwellen auf die Torte kleben und mit etwas Spirituose einstreichen.

19

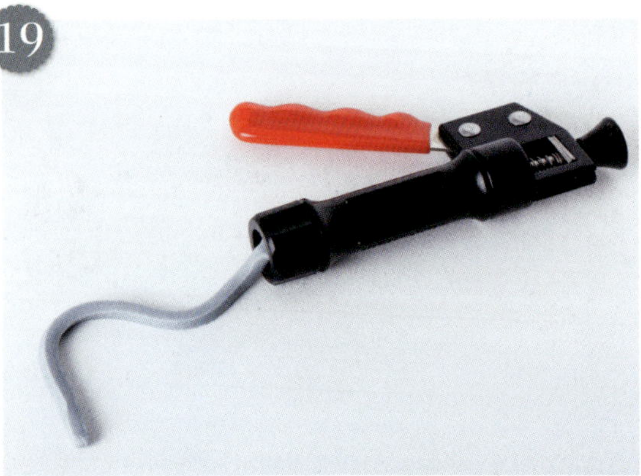

Für die Schienen mit einer Sugar Gun (quadratischer Einsatz) aus dem grauen Fondant kantige Stränge pressen.

20

Aus dem restlichen grünen Fondant mit einer Sugar Gun (Graseinsatz) zahlreiche dünne Stränge pressen und diese als Gras verwenden.

21

Die Schienen auf die Bahnschwellen kleben, die Lokomotive daraufsetzen und unsaubere Stellen mit den Grasbüscheln kaschieren. Nach Belieben das zweite vorher ausgestochene hellbraune Rechteck als dekoratives Element auf die Torte setzen.

Spaghettitorte

Es gibt lustige Torten, verrückte Torte, edle Torten und jene, die man auf den ersten Blick gar nicht als solche erkennen kann. So wie dieser Topf voller Spaghetti mit Tomatensauce. Wer sich hier auf ein deftiges Mittagessen freut, wird seine süße Überraschung erleben …

Zutaten

2 runde Kuchen (Ø 20 cm), gebacken (siehe S. 8)
800 g Buttercreme (siehe S. 17)
1,3 kg weißer Rollfondant
rote Lebensmittelfarbpaste
silberne Lebensmittelfarbpaste
gelbe Lebensmittelfarbpaste
100 g Blütenpaste
Fondantkleber
4 Cake-Pop-Stiele
50 g weiche Butter
100 g Himbeergelee

1

Die beiden gebackenen Kuchen mit etwa 200 g Buttercreme dazwischen übereinanderstapeln. Die obere Kante abrunden und den Kuchen rundum mit der restlichen Buttercreme einstreichen. Für den Überzug 800 g weißen Fondant rot färben und die Torte eindecken (siehe S. 20). 1–2 Stunden stehen lassen, damit der Fondant ein wenig antrocknet und stabiler wird, denn die Torte wird nachher umgedreht.

200 g weißen Fondant mit der Blütenpaste verkneten und silbern färben. Zu einem langen Strang formen, ausrollen und dann 1 etwa 2 cm breiten und etwa 65 cm langen Streifen ausschneiden. Den Streifen so um den unteren Tortenrand kleben, dass er bündig mit dem roten Fondantüberzug abschließt. Den Kleber gut antrocknen lassen. Dann die Torte umdrehen, also quasi auf den Kopf stellen.

300 g Fondant zartgelb färben und sehr weich kneten. Mit einer Presse (z. B. Sugar Gun, Kartoffelpresse, Spätzlepresse, Nudelmaschine usw.) lange runde Stränge als Spaghetti pressen.

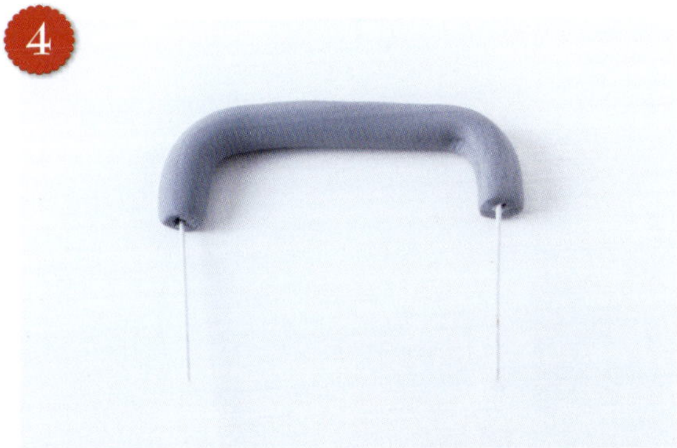

Den übrigen silbernen Fondant in 3 gleich große Stücke teilen. Aus 2 Stücken etwa 2 cm dicke Stränge rollen und diese zu Griffen für den Kochtopf formen. In die Enden je 2 Cake-Pop-Stiele stecken und die Griffe trocknen lassen.

Das dritte silberne Fondantstück ausrollen und daraus 2 Rechtecke ausschneiden, die länger sind als die Griffe breit.

6

Die Rechtecke gegenüberliegend an den „Topf" kleben und die Griffe durchstecken.

7

Die Spaghetti so auf der Tortenoberseite platzieren, dass sie in der Mitte höher angeordnet sind als an den Rändern, und einige Spaghetti sollen über den Rand hinunterhängen. So lassen sich auch unsaubere Stellen am Rand kaschieren.

Für die „Tomatensauce" die weiche Butter schaumig schlagen. Das Himbeergelee zugeben und alles mehrere Minuten kräftig rühren. Die Sauce erst vor dem Servieren über die Nudeln gießen, da sie den Fondant ein wenig aufweicht.

Bierkrugtorte

Wenn es ein Volksgetränk gibt, dann ist es wohl der gelbe Saft aus Hopfen und Gerste. Bier, beliebt bei Jung und Alt, Mann und Frau … wie wäre es also mit einem Bierkuchen? Ein Maß, süß und lecker. Das perfekte Geschenk für jeden Bierliebhaber!

Zutaten

2 runde Kuchen (Ø 15 cm, Höhe je 10 cm), gebacken (siehe S. 8)
500 g Buttercreme (siehe S. 17)
1,5 kg weißer Rollfondant
Fondantkleber
sonnenblumengelbe Lebensmittelfarbpaste
braune Lebensmittelfarbpaste
50 ml weiße Spirituose (Wodka, Rum etc.)
1 runder Ausstecher (Ø 4 cm)
100 g Blütenpaste
2 Cake-Pop-Stiele

1

Die beiden gebackenen Kuchen mit etwas Buttercreme dazwischen übereinanderstapeln und den Rand mit Buttercreme einstreichen (siehe S. 18). Das Ergebnis sollte etwa 20 cm hoch sein und die Maße eines Bierkrugs haben.

2

400 g Fondant sehr dünn ausrollen und daraus einen Streifen ausschneiden, der so lang wie der Umfang der Torte und so breit wie dessen Höhe ist (also etwa 47 x 20 cm). Den Fondant dann einmal um die Torte herumlegen, sodass der Rand vollständig abgedeckt ist. Aus den Resten einen 10 cm großen Fondantkreis ausrollen und auf die Oberfläche legen.

800 g Fondant mit sonnenblumengelber Lebensmittelpaste färben, dabei darf die Farbe auch ungleichmäßig verknetet sein. 200 g davon ausrollen, in etwa 16 cm lange und 4 cm breite Streifen schneiden (1 Streifen sollte 47 cm lang sein). Dann mit dem runden Ausstecher einige halbrunde Elemente ausstechen (die ausgestochenen Kreise selbst werden nicht benötigt).

Den 47 cm langen Streifen unten einmal um die Torte herumlegen, darauf abwechselnd die halbrunden Elemente und die Streifen mit etwas Fondantkleber vertikal anbringen. So ergeben sich nachher die Vertiefungen eines Maßkruges.

Den restlichen gelben Fondant ausrollen und zu einem etwa 48 x 20 cm großen Streifen schneiden, der den ganzen Rand des Kruges rundherum abdeckt. Den Tortenrand hauchdünn mit Fondantkleber einstreichen und den gelben Streifen vorsichtig herumlegen. Mit dem Finger die Vertiefungen ein wenig ausformen, sodass diese besser sichtbar sind und gleichmäßiger werden.

50 ml Spirituose sonnengelb färben, die Hälfte davon beiseitestellen und ein wenig braune Lebensmittelfarbe dazugeben. Nun den gesamten Rand der Torte zuerst mit der gelben Farbe und dann die Vertiefungen vorsichtig mit der leicht gebräunten Flüssigkeit bestreichen. Dadurch erhält die Torte eine natürlichere Optik.

7

100 g Fondant zu verschieden großen Kugeln formen und diese auf die Torte legen, sodass in der Mitte eine Erhöhung entsteht.

8

Weitere 100 g Fondant hauchdünn ausrollen und über die Torte legen, um eine Schaumhaube entstehen zu lassen. Mit dem Finger nacharbeiten und die Vertiefungen etwas hervorheben.

9

Die Blütenpaste ganz leicht sonnengelb färben, zu einem Strang rollen und diesen etwas flach drücken. Aus dem Strang einen Henkel für den Krug formen und zwei Cake-Pop-Stiele zur besseren Fixierung in die Enden stecken. Den Henkel 1 Stunde antrocknen lassen, damit er stabil wird. Dann seitlich in den Krug stecken. Aus dem restlichen Fondant Schaumtropfen formen und am Krug anbringen.

Koffertorte

Normalerweise würde man in seinen Koffer Klamotten zum Anziehen und alles, was man sonst noch so für den Urlaub braucht, packen …, aber dieser Koffer ist etwas sehr Besonderes, denn in ihm schlummert ausreichend Kuchen, um einen ganzen Urlaub zu versüßen.

Zutaten

1,05 kg Modelliermarzipan
braune Lebensmittelfarbpaste
schwarze Lebensmittelfarbpaste
silberne Lebensmittelfarbpaste
1 rechteckige Torte (25 x 20 cm), gebacken, Ecken abgerundet und mit Creme eingestrichen (siehe S. 8 und S. 18)
2 quadratische Ausstecher (4 cm und 1 cm)
300 g weißer Rollfondant
etwas weiße Spirituose (z. B. Wodka, Rum etc.)

1

Für den Überzug 1 kg Modelliermarzipan hellbraun färben, ausrollen und die vorbereitete Torte damit eindecken (siehe S. 20). – Marzipan ist gröber als Fondant, was für etwas mehr Oberflächenstruktur sorgt.

2

Mit einem langen Lineal um die gesamte Torte rundherum auf etwa halber Höhe eine tiefe Furche drücken, die den „Koffer" optisch in zwei Hälften teilt. Entlang der Furche oberhalb und unterhalb mit dem Quilting Tool Nähte prägen.

3

An der Oberseite des „Kofferdeckels" rundum zwei parallele Nähte prägen.

4

Für die „Schnallen" 50 g Modelliermarzipan schwarz färben und ausrollen. Mit dem 4 cm großen quadratischen Ausstecher zuerst 2 Quadrate ausstechen und dann mit dem kleineren Ausstecher das Innere dieser Quadrate ausstechen.

5

Den weißen Fondant dunkelbraun färben, ausrollen und daraus 2 etwa 3–4 cm breite und 25–28 cm lange Streifen ausschneiden. Die „Lederriemen" parallel an den Koffer kleben – sie sollen über etwa zwei Drittel der Oberseite reichen. An den Rändern entlang mit dem Naht Tool Nähte andeuten.

6

Die beide zuvor hergestellten Schnallen auf das Ende der Lederriemen legen.

7

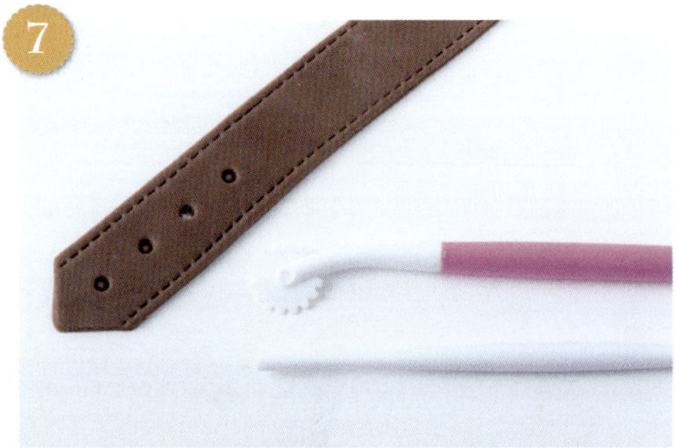

2 weitere 3–4 cm breite und 25–28 cm lange Streifen herstellen, Nähte prägen und mit dem Straw Tool an jeweils einem der Streifenenden in der Mitte 4 Löcher ausstanzen. Die Enden spitz abschrägen.

8

Aus dem Rest des braunen Fondants 2 etwa 2–3 cm dicke Stränge rollen und diese zu Griffen formen. Dann die Enden schräg abtrennen.

9

Aus den schwarzen Marzipanrest 4 Trapeze zuschneiden, die exakt die Enden der Griffe abdecken. Nun zuerst den ersten Griff ankleben, dann je 1 Trapez über die Ansätze kleben. Etwas silberne Farbe mit einigen Tropfen Spirituose verdünnen und die Trapeze damit anmalen.

10

Den zweiten Griff ankleben und wie für den ersten beschrieben fertigstellen. Falls der Griff nachgeben sollte, lässt er sich meist sehr gut mit einem Fondantglätter stabilisieren, bis der Kleber antrocknet.

11

Die zuvor hergestellten „Lederriemen" nun so an den Koffer anbringen, dass diese wie echte Riemen durch die beiden schwarzen Schnallen gelegt werden. Dann mit Kleber fixieren und die Schnallen silbern anmalen.

Weinkistentorte

Ein guter Wein soll mit den Jahren ja immer besser werden … das lange Lagern sollte man aber diesem Wein eher nicht antun – je frischer er „verkostet" wird, desto besser. Ein echter Kuchen für alle Weinliebhaber und all jene, die es noch werden wollen.

Zutaten

gut 1,8 kg weißer Rollfondant
braune Lebensmittelfarbpaste
grüne Lebensmittelfarbpaste
schwarze Lebensmittelfarbpaste
gelbe Lebensmittelfarbpaste
1 rechteckige Torte (20 x 30 cm), gebacken und mit Creme eingestrichen (siehe S. 8 und S. 18)
1 einfacher Blechkuchen (für die Weinflasche), gebacken
500 g Ganache oder Buttercreme (siehe S. 16,17)
1 TL CMC
50 ml weiße Spirituose (z. B. Wodka, Rum etc.)
1 Weinflaschenetikett (siehe Tipp)

1

800 g weißen Fondant hellbraun färben und die vorbereitete rechteckige Torte eindecken (siehe S. 18).

2

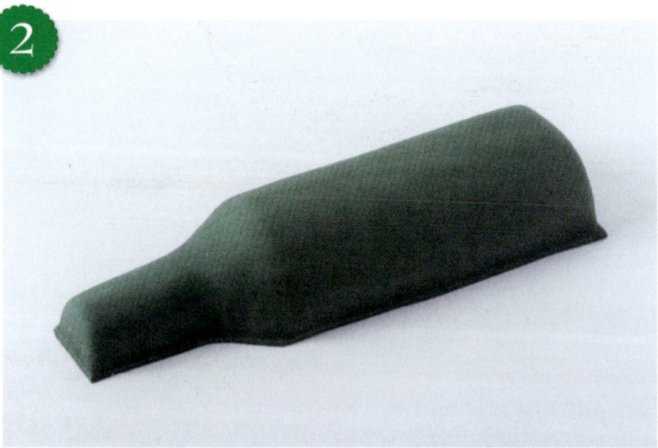

Für die Weinflasche den Blechkuchen in 2 breite Streifen schneiden. Einen davon mit etwa 200 g Ganache oder Creme bestreichen, den zweiten Streifen darauflegen und den Kuchen dann in Flaschenform zurechtschneiden. Rundum mit der restlichen Ganache oder Buttercreme einstreichen. 300 g weißen Fondant dunkelgrün färben und den Flaschenkuchen eindecken.

3

500 g weißen Fondant mit der CMC verkneten und dunkelbraun färben. 3 mm dick ausrollen und daraus ein Rechteck ausschneiden, das eine der langen Seiten des Kuchens abdeckt und an der oberen Kante etwas vorsteht. Mit einem langen Lineal horizontal 2 Furchen einprägen, die die Seite optisch in 3 Bretter teilen soll.

4

Wie im Schritt zuvor alle 4 Tortenseiten mit „Holzbrettern" einfassen. Mit dem Slice Tool wellenförmige Linien in den Fondant ritzen, um eine Holzoptik nachzuahmen.

5

Für einen authentischen Look mit dem Straw Tool an den Kanten Vertiefungen eindrücken, die Steckverbindungen imitieren.

6

30 g Fondant schwarz färben, dünn ausrollen und an einer Seite gerade abschneiden. Den Fondant dann so auf den Flaschenkuchenhals legen, dass ein gerader Übergang entsteht. Überschüssigen Fondant abschneiden.

Die „Holzkiste" mit der Spirituose dünn einpinseln. So werden Reste der Bäckerstärke (siehe S. 13) beseitigt, und nach dem Austrocknen verstärkt sich die Holzstruktur. Dann die Flasche vorsichtig auf die Holzkiste legen und mit dem Slice Tool an der Unterseite halbkreisförmig Rillen prägen. Das Etikett anbringen (siehe Tipp).

Für die „Holzspäne" 200 g Fondant zartgelb färben, dünn ausrollen und in ungleichmäßige Streifen schneiden. Die Fondantstreifen über einen Ausrollstab legen und mindestens 3–4 Stunden trocknen lassen. So erhalten sie später mehr Volumen und einen authentischen Look.

Die „Holzspäne" um die Flasche herum auf der „Weinkiste" verteilen. – Vor dem Verzehr das Weinflaschenetikett entfernen.

Tipp Für das Weinflaschenetikett einfach eine Weinflasche über Nacht in Wasser einlegen, und morgens lässt sich das Etikett leicht und rückstandslos abziehen. Für einen „neuen" Look der Flasche das Etikett pressen und trocknen lassen. Für einen „Retro-Look" einfach das noch feuchte Etikett wie hier auf die Torte legen und glatt streichen. Es wird ein paar Wellen ziehen, aber optisch einiges hermachen.

Register

Schablone

Fotos: Marian Moschen
Rezepte und Texte: Marian Moschen
Illustration S. 23: Leander Aurel Taubner
Lektorat: Sebnem Yavuz
Satz: zweiband.media, Berlin

Printed in EU

www.lingenverlag.de